KB141050

결 고운 천사들

결 고운
천사들

두푸딩 언니의 동물 구조,
그 10년의 기록

두푸딩 언니 이현화 지음

시월

두푸딩 언니의 10년, 그 외롭고 지난한 시간에 든든한 버팀목이 되어 준
'결 고운 사람들'의 추천사!

겉으로는 희망이지만 그 속은 비극인 일. 강아지에게는 새로운 세상을, 누군가에게는 새 가족을 이어 주는 기적과 같은 일. 이 어려운 일을 하는 따뜻한 사람.

- 예은동물병원 권기범 원장, 백성기 부원장

그녀를 통해 만난 세 보물 향숙, 석구, 옥희. 가벼운 마음으로 시작한 유기견 입양이 둘째, 셋째로 이어질 수 있도록 용기를 준 건 그녀에 대한 무한 신뢰 때문이었을까? 그녀의 사랑과 정성이 듬뿍 담긴 입양글에서 나는 만나지 않았어도 석구를 알 수 있었고 옥희를 알 수 있었다. 부디 그녀의 순수하고 진실된 세계가 다치지 않고 지치지 않기를 바라 본다.

- 향숙, 석구, 옥희맘

"달리지 않아도 괜찮아"
우리가 걷는 동안 적어도 걸어가고 있음을 알려 주는 사람. 중요한 일의 가치는 어떤 위치에서 바라보느냐에 따라 달라집니다. 그 위치는 우리의 의지로 선택될 거고요. 이 책을 통해 두푸딩 언니

를 가까이서 바라보고, 행동의 가치를 찾아가는 시간을 가져 보시길!

- 최지은(홍시, 홍삼이네)

남이 가지 않는 길을 가면서 여러 사람에게 지지와 공감을 얻을 수 있다는 건 결코 쉬운 일이 아니다. 거기까지 가느라 얼마나 힘들었을까? 감히 그 힘듦을 헤아릴 수 없지만 그 어려운 걸 해내는 햇살 같은 영원한 우리의 두푸딩 언니, 그 자리에서 오래도록 빛나길.

- 하루, 하찌 입양자님

유기견 입양에 대한 새로운 시선과 관심 그리고 이 모든 시작을 안겨 준, 두푸딩 언니라는 닉네임보다 이름으로 불러 주는 걸 더 좋아하는 현화. 나와 차밍이에겐 선물 같은 사람. 진심으로 감사해요.

- 유튜버 해피할멍(차밍 입양자)

추운 겨울, 우리 곰이는 사랑 많고 따뜻함으로 가득 찬 두푸딩 언니에게 구조되어 우리 가족이 되었다. 여리지만 강하고 책임감 있는 구조자, 오로지 두푸딩 언니만이 해낼 수 있는 가치로운 일에 매 순간 감사하며 응원한다.

- 박곰 언니, 오빠

두푸딩 언니를 알기 전까지 유기견, 구조, 개 농장 펫숍 등에 대한 인식이 너무나도 부족했고, 이전의 저의 생각들이 매우 부끄러워졌던 적이 많습니다. 두푸딩 언니 덕분에 천사 같은 아이들을 임보할 수 있는 기회를 얻기도 했고, 세상 그 무엇과도 바꿀 수 없는 뚜부와 포근이를 만났습니다. 외롭고 힘든 길을 혼자 묵묵히 걸어 나가는 두푸딩 언니, 너무나도 존경스럽고 앞으로도 작게나마 힘이 되어 드리고 싶습니다!

- 뚜부, 포근 엄마

여러 단체 및 구조 활동을 하시는 분들과의 수많은 인연들 중에 저희와 단연 제일 깊고 오랜 인연인 두푸딩 님과는, 함께 치료 활동을 하며 여러 희노애락을 지나왔던거 같아요. 그럼에도 지치지 않고 계속해서 구조 활동을 하는 두푸딩님을 지켜 보면서 저희 병원 식구들도 큰 용기를 얻습니다. 앙리도 늘 도움이 필요한 아이들을 위해 두푸딩 님과 오래도록 함께 하겠습니다.

- 앙리동물병원 곡경문 원장

너무나 큰 책임감을 짊어져야 하는 구조라는 일. 그중에서 특히 노견, 환견을 먼저 보살피고 구조하며 차별 없는 생명의 가치를 실천하는 모습에서 많은 것을 배웁니다.

- 삐삐뭉치맘

쉽지 않은 길을 묵묵히 10년이란 시간 동안 많은 아이들에게 빛을 찾아 주시고, 저에게도 너무나 큰 사랑을 안겨 주신 소중한 영웅입니다.

- 안세원(부 입양자)

결 고운 그 마음을 닮고 싶고, 그 길을 따라 걷고 싶게 하는 사람!
막내를 보내고 첫째를 반려하며 알게 된 두푸딩 언니. 쉽지 않은 길을 평온하고 강인하게 걷는 걸 보며 참 따뜻하고 단단한 사람임을 느꼈고 그 결 고운 마음을 닮고 싶었다. 내 어린 할배를 보낸 지금 그녀와 결이 같기를 바라며 천천히 따라 걷기 시작했다. 이 세상 모든 아이들이 집밥 먹으며 행복하게 지낼 수 있기를, 두푸딩 언니가 지치지 않고 결 고운 천사들과 오늘도 행복하기를 응원합니다!

- 바둑알 누나

세상의 모든 강아지들이 행복했으면 하는 마음에 두푸딩 언니의 구조 활동에 동참했습니다. 임보 강아지들이 주는 모든 순간의 사랑과 감동은 잊을 수가 없고 입양 가는 그날까지 최선을 다하는 구조자님과 봉사자님 들에게 감사를 보냅니다.

- 통키네

두푸딩 언니 덕분에 만난 우리 희야는 그냥 존재 자체가 사랑이에요. 바라만 봐도 행복한 그 느낌 알죠? 그 사랑을 알게 해 줘서 정말 감사하고 앞으로도 이 사랑을 많은 분들에게 전해 주길 바랍니다. 늘 응원해요!

- 간미연

　살아가는 건 '어쩌다'의 연속인 것 같다. 나이가 들면서 점점 더 삶의 흐름에 몸을 맡겼더니 그 '어쩌다'가 나를 예상치 못한 곳으로 데리고 가더라. 어쩌다 보니 계획에도 없던 대학원에서 공부를 더 하게 되었고 어쩌다 보니 치열한 학원가에 들어가 영어 입시 강의를 하며 돈을 많이 벌었다. 행복하냐 물으면 "행복하다." 대답했다. 그 당시 내 행복이라는 기준의 척도는 돈과 일이었으니. 하루 한 끼 제대로 챙길 시간도 없이 아메리카노 한잔으로 버텨야 했지만 내가 좋아하고 잘하는 일이라 다 괜찮았다. 아니, 어쩌면 버틸 수 있었던 것 같다. 하지만 어느 순간, 경주마처럼 앞만 보고 달려온 삶의 연속에서 더 빠르게 소진된 나의 몸과 마음은 무기력에 지배되기 시작했다. 몸에서 이상 신호가 나타나기 시작했고 몸의 균형이 무너지니 정신이 무너지는 것은 시간문제였다.

　그때 내게 옆도 보고 뒤도 돌아볼 수 있도록 만들어 준 첫 반려견 두부와 푸딩이. 유년 시절부터 누가 내게 꿈이 뭐냐 물으면 강아지와 내 침대에서 뒹굴뒹굴하며 아침을 맞이하는 것이라 말했다. 나를 주체로 한 꿈보다 다른 생명에게 손 내밀어 따뜻한 숨을 나누는 것, 동물과의 접점이 생기는 것에 대한 갈망이 있었다. 초등학교 2학년 때, 우리 집은 낡고 허름한 빌라의 지하였다. 쥐 끈끈이를 쉴 새 없이 놓고 살아야 했고, 화장실은 영화 〈기생충〉에 나오는 그런 곳이었다. 어둡고 습한 기운이 매일 이어졌지만 우리

가족은 참 따뜻했고 매 순간 행복을 말하며 지냈다. 하루는 비가 매섭게 내렸고 장마가 며칠 동안 지속되자 결국 우리 집 지하까지 침수되었다. 온 집이 발목까지 물에 잠겼고 바닥에 있던 교과서와 문제집도 모두 물에 젖어 소생 불가였다. 그때 내게 가장 중요한 것은 일기장이었다. 그동안 써 온 일기장을 책상 서랍에서 꺼내 품에 안고 후다닥 집 밖으로 나왔는데, 옆 지하방에 살고 있던 나보다 두어 살 위인 언니는 키우던 작은 강아지를 꼬옥 안고 나왔다. 그 언니에게는 그 순간, 가장 중요한 것이 저 작은 생명이었구나. 이웃집 언니의 품에 안겨 나온 강아지는 평온해 보였는데, 그때 강아지를 바라보던 언니의 표정이 오래도록 기억에 남았다. '언니는 강아지를 동물이 아닌 한 가족으로 여기는구나.' 그런 생각이 들었다. 그때부터였을까. 내게 동물과 공감하고 감정을 이입하는 능력이 생긴 것 같다.

예전의 나는 부모님께 혼나도, 친언니와 다퉈도, 같은 반 단짝 친구가 전학을 가도, 슬프긴 했지만 눈물은 흘리지 않았다. 아무리 슬픈 드라마와 영화를 봐도 마찬가지였다. 그랬던 내가 처음으로 울게 된 TV 프로그램이 〈전설의 고향〉 구미호 편이었다고 말하면 다들 이해되지 않는다는 듯 풉 하고 웃는다. 구미호가 인간에게 몰려 죽음의 위기에 처하자 자신의 새끼를 지키려는 간절한 모성이 내 눈물 버튼을 누른 것이다. 다른 이들에게는 그저 인간을 위협하는 괴물 같은 존재로 받아들여질지라도 구미호도 결국 모성이 있는, 같은 감정을 느끼는 존재라는 것을 알 수 있었다. 나는 그 순간, 조금 더 소외된 존재인 동물에게 연민과 같은 감정을 느끼기 시작했던 것 같다. 그 후부터 더더욱 동물과 함께하는 따뜻한 삶을 꿈꾸곤 했다.

하지만 가족들이 결사반대하는 바람에 내가 꿈꾸던 동물과 함께하는 반려 생활은 시작이 쉽지 않았다. 내가 다섯 살 무렵 큰 개에게 물릴 뻔한 것을 어머니가 온몸으로 막아 큰 사고로 이어지지 않았던 적이 있다. 어머니는 내게 달려드는 개를 막아서다가 허벅지를 물린 탓에 열 바늘 이상 꿰매는 큰 부상을 입어야 했다. 게다가 우리 가족은 비염과 털 알레르기도 있었다. 이런 사정이 있었기에 더더욱 반려동물을 키우는 일은 난관에 부딪힐 수밖에 없었다. 이렇게 오래 꿈꿔 왔던, 반려동물과 함께하겠다는 소망은 접어야 하는 것일까.

그런데 사실 가족들의 반대와 털 알레르기는 부차적인 문제였다. 더 중요한 것은 내 마음이었다. 과연 내가 한 생명을 책임질 수 있는 준비가 되어 있을까? 강아지든 고양이든 내 가족이 된다면 아이가 오랜 시간 홀로 지내지 않도록 해야 한다고 생각한다. 아이들이 느끼는 1시간은 우리가 체감하는 4시간과 비슷하다고 하니, 하루 반나절 이상 혼자 있게 두어야 하는 환경은 내 마음이 허용하지 않았다. 양질의 음식을 주고 싶었고, 아프면 적극적인 치료도 해 줄 수 있어야 했기에 경제적인 상황도 무시하지 못했다. 대학을 졸업하고 대학원을 다닐 때까지도 이런 조건들을 갖추지 못했다. 그래서 선뜻 동물과 함께하는 삶에 발을 들이지 못했던 것 같다. 대학원 졸업을 위해 논문을 마무리하면서 드디어 내게 이 모든 여유가 생겼다. 입시 학원에서 하루에 4시간만 영어를 가르치고 오면 그 외의 시간은 내 털 달린 가족에게 집중할 수 있었고 경제적으로도 충분했다. 이제 정말로, 반려동물과 함께할 수 있는 준비가 된 것이다.

하지만 실제로는 시작부터 쉽지 않았다. 심지어는 반려동물을 어떻게 입양하는지조차 몰라 펫숍을 방문하기도 했다. 지금 생각해 보면 나의 무지에서 비롯된 일이었지만 그때는 정말 아무것도 몰랐기 때문에 그런 방식으로 접근할 수밖에 없었다. 그런데 펫숍에 방문해 보고는 적잖은 충격을 받았다. 좁디좁은 진열장 안에 손바닥만 한 새끼 강아지들이 생기 없이 누워만 있었다. 밥그릇과 물그릇은 당연히 비어 있었다. 생명의 에너지가 결여된 곳이었다. 무지했던 내가 처음 마주한 모습은 참혹했다. 설령 동물에 애정이 없는 사람이라도 그 처참한 현실과 마주했다면 아마 나와 같은 감정을 느끼지 않았을까 싶다. 나는 펫숍에서 가장 기운이 없어 보이는 아이의 입양에 대해 물어보면서 또 한 번 자괴감에 빠졌다. 내 가족이 될 아이를 펫숍에서 마치 물건 사듯 돈을 주고 데려와야 한다는 사실을 내 마음이 허락하지 않았다. 결국 나는 펫숍이 아닌 다른 곳에서 입양을 알아보기로 하고 발걸음을 돌렸다. 집에 도착하자마자 펫숍에서 전화가 왔다. 처음에 200만 원이라고 했던 아이 가격을 80만 원까지 낮춰 주겠다는 것이다. 더 마음이 돌아섰다. 생명을 두고 값을 매기는 행위 자체가 비인간적이었다. 지금도 간혹 그 아이가 떠오르곤 하다. 결국 누군가에게 팔려 갔을까, 지금은 어떻게 지내고 있을까, 그런 생각을 하면 하염없이 마음이 무거워진다.

생명을 사고파는 펫숍은 절대 안 된다는 생각이 강해졌고 결국 지인의 집에서 태어난 강아지를 데려오기로 했다. 설레는 마음을 안고 찾아갔을 때 어미 개와 함께 새끼 강아지 세 마리가 있었는 데, 유독 한 녀석이 구석에서 조용하고 힘없이 있던 게 눈에 밟혔다. 눈꽃이 흩날리던 날, 그 아이는 그렇게 나의 첫 털 달린 가족 '두부'가 되었다. 그 후 반년쯤 지나, 작고 귀여운 '푸딩이'와도 함께하는 반려인의 삶이 시작된 것이다. 첫 정이 가장 크다고 했다. 처음이라 부족하기만 한 반려인을 그저 사랑만 해 주는 두부와 푸딩이는 점점 더 내 삶에 짙게 들어왔다.

두부(앞)와 푸딩이

폭신한 이불은 머리끝까지 덮고 발가락 끝은 찬 공기에 삐죽 내밀고 있다. 눈을 살짝 뜨거나 조금이라도 움직이면 두부, 푸딩이와 벌인 눈치 싸움에서 패배. 언니가 일어났음을 단번에 알아챈 아이들은 세상에서 가장 다정한 미소를 머금은 채 나에게 달려들며 뽀뽀 세례를 퍼붓는다. 그렇게 우리의 아침 일과는 시작된다. 나는 주섬주섬 옷을 걸쳐 입고 눈곱도 떼지 못한 채 슬리퍼를 질질 끌며 아이들 배변 산책을 나가는데, 가끔 그림자에 비친 내 까치집 머리를 보면 실외 배변 강아지를 둔 반려인의 고달픔이 느껴진다. 집순이인 데다가 게으르고 끈기조차 없는 내가 비가 오나 눈이 오나 하루도 빠짐없이 1일 4산책을 할 수 있었던 것은 온전히 아이들의 힘이라고 본다. 누군가 말하길 사랑은 힘든 것이라 하던데 '아, 나는 정말 두부랑 푸딩이를 사랑하는구나.'

자연에서 함께할 때 가장 눈부신 녀석들 덕분에 나는 계절의 변화를 모든 감각으로 느낄 수 있고 아이들의 시선으로 세상을 바라보게 되었다. 길이 조금 더 깨끗하면 좋겠는데, 공기가 조금 더 맑으면 좋겠는데. 자연스레 두부와 푸딩이를 뒤를 쫓다 보면 아름다운 자연 속에 함께 있다. 이 아름다운 모습이 오래도록 유지되면 좋겠다는 생각에서 시작되어, 그렇게 나는 동물과 함께 자연도 사랑하게 되는 마음까지 생긴 것이다.

동물과 함께하니 내 모든 관심사도 동물이 되었다. 길을 가다 보면 사람보다 동물에게 시선이 더 오래 머물렀다. 한번은 보호자 없이 홀로 배회하고 있는 강아지를 본 적이 있었다. 분명 보호자가 있는 아이일 텐데 어쩌다 주인 손을 놓친 것일까. 나는 떠돌고 있던 강아지를 품에 안고 근처 동물병원부터 찾아가 혹 아는 아이 인지 물었다. 그 후 전단지를 만들어 곳곳에 붙이며 보호자를 찾기 위해 애썼다. 막막함과 두려움이 엄습했지만 이 세상에 덩그러니 홀로 놓인 이 녀석보다 무섭고 힘들까, 이런 생각이 들어 힘을 낼 수밖에 없었다. 그렇게 하루 반나절이 지났을 때, 아이 보호자로부터 연락이 왔다. 이름은 흰눈이였고, 보호자의 어머니가 쓰레기를 버리러 간 사이 열린 현관문 틈으로 나갔다고 한다. 혹시 착각일 수 있기 때문에 보호자가 보내온 사진을 꼼꼼히 확인한 후 나는 안심하고 흰눈이를 원래 주인 품으로 보냈다. 이 녀석은 보호자를 보자마자 꼬리를 흔들며 달려가 반겼다. 길을 잃은 한 생명을 책임져야 한다는 상황에, 심리적으로 매우 힘든 이틀이었지만 결과가 좋아 형언할 수 없을 만큼 뿌듯했다. 이때부터 길 위에 내몰린 생명에게 관심이 가게 되었고 인터넷에서 유기견 관련 정보를 검색하기 시작했다.

유기 동물 문제가 심각하다는 것을 단번에 알 수 있을 만큼, 버려지고 학대당하는 사례가 많았다. 동물들은 아무런 잘못이 없었다. 이 문제의 모든 원인은 사람에게 있다는 사실에 마음이 무거웠다. 하지만 동시에 이 가여운 생명들을 돕는 따뜻한 사람들도 있었다. 나 또한 조금씩, 말하지 못한다는 이유로 학대당하고 버려지고 안락사를 당하는 아이들을 손 놓고 볼 수가 없었다. 그때 한 영상을 봤다. 동물병원에 있던 유기된 치와와가 결국은 주인을 찾지 못하고 안락사를 당하는 장면이었다. 주사를 놓기 전 아이의 눈에 눈물이 그렁그렁 맺히는 걸 본 순간, 나는 말 못 할 아품과 두려움, 분노와 설움을 느끼며 함께 울었다. 주인만 기다리며 차가운 케이지 속에서 생활하다 결국은 타의에 의해 죽음을 맞이해야 하는 아이의 '나 살고 싶어요.'라는 눈빛을 잊지 못한다. 그때 느꼈다. 지금 가장 필요하고 절실한 일은 이 속에서 한 아이라도 데려와 좋은 가족을 찾아 주는 것이다. 처음엔 겁도 났고 자신이 없어 일 년 가까이 고민했다. 하지만 지금 행동하지 않으면 평생을 망설이다 빚을 진 마음으로 살아갈 것만 같았다. 생각할수록 두려웠지만 고통 속에서도 살고 싶다고 눈물 흘리는 아이들을 허무하게 죽게 둘 수 없었다. 살려서 사랑으로 돌보고 싶었다. 마음으로 마음을 치유하여 가족을 찾아 주기로 했다.

봉사 시작부터 유기 동물의 비참하고 외로운 현실을 직면했다. 세상의 끝자락에 내몰린 수많은 아이들을 보면서 나는 더 많은 아이들을 살려 행복하게 해 주고 싶었다. 그렇게 '두푸딩 언니'라는 이름으로 임시 보호, 현장 봉사, 이동 봉사, 구조 단체의 스태프로 다양한 활동을 하기 시작했고 직접 구조까지 하게 되었다. 유기 동물 구조는 치료비와 직결되기에, 치료비 부담을 덜고자 평소 머릿속에서만 그려 왔던 애견 동반이 가능한 렌트 하우스를 운영하면 어떨까 하는 생각이 들었다. 어느 순간부터 모든 생각의 연결고리는 유기 동물로 시작해 유기 동물로 끝이 났다. 이런 마음은 자연스러워졌고 또 당연해졌다. 지금까지도 어떻게 하면 아이들이 더 좋은 환경에서, 더 행복한 삶을 살게 할 수 있을지에 대해 생각하고 뭐라도 해 보려고 한다. 긴 고민의 끝은 용기 있는 결정으로 이어졌고, 나는 바로 좋은 위치의 땅을 사고 집을 지었다. 그렇게 구조된 유기 동물 치료비 마련에 도움을 주고, 결 고운 천사들과 함께할 수 있는 프라이빗 렌트 하우스 '두푸딩하우스'가 탄생했다. 어린 나이에 렌트 하우스를 운영한다는 것만 놓고 나를 부러운 시선으로 바라보는 사람들이 많지만, 사실은 그저 유기 동물을 돕는 이 공간에서 열심히 청소와 빨래를 하고 잔디를 깎고 잡초를 뽑는 노동의 연속을 감내해야 하는 일꾼일 뿐이다.

유기 동물을 위해 봉사를 하기 시작한 것도, 10년이라는 짧은 것 같으면서도 긴 시간이 되어 버린 것도, 두푸딩하우스를 만들게 된 것도, 그리고 지금 두푸딩 제2의 공간을 꿈꾸고 있는 것도 모두 새로운 가족으로부터 시작된 것이다. 어쩌다 보니 내 삶 속으로 들어와 준 나의 소중한 털 달린 가족, 두부와 푸딩이가 없었다면 지금 나의 생활 또한 없었을 것이다.

예전부터 나와 결 고운 천사들의 길지도 않고 짧지도 않은, 아프고도 행복했던 시간의 서사를 책으로 엮어 내어 세상에 조금은 더 따스함이 깃들게 하고 싶다는 막연한 꿈이 있었다.

그 꿈을 현실로 이루어도 될지 고민하면서 나는 소외된 생명들과 함께한 지난 10년은 어땠는지 스스로 물어보았다. 살면서 내가 생명 살리는 일을 언제 해 볼까 싶었는데, '그동안 내가 이렇게나 많은 생명을 살렸구나.' 생각하면 마음 깊은 곳부터 뜨거워진다. 더 많은 아이들을 살리지는 못했어도 내게 닿은 아이에게 온 마음과 최선을 다해 치료를 해 주고 마지막 가족을 찾아 주었다. 그 과정에서 사람들의 날 선 비난과 끝내 지키지 못한 아이들의 죽음까지, 감당하기 힘든 일은 계속되었지만 단 한순간도 아이들을 떠난

적은 없다. 우리 품에 안겨 몸도 마음도 건강해지는 아이들의 변화를 보면 힘이 났다. 결이 고운 천사들 옆에 있는 결 고운 사람들로부터 위로를 받았다. 내가 주는 것보다 받는 마음이 훨씬 더 컸다. 그것을 어떻게 가치로 따질 수 있을까. 그 마음들이 이 어려운 일을 계속하게 하는 힘이 되어 주었다. 때로 지난한 시간도 있었지만 결국 행복과 보람으로 되돌아왔다.

이 책은 우리의 지난 시간들에 대한 오롯한 기록이다. 나의 결고운 천사들의 이야기를 통해 이 사회와 사람들 곁을 따스한 바람한 줄기로 채울 수 있다면, 그로 인해 사람들의 인식이 바뀔 수 있다면 아이들의 세상이 1도는 더 따스해질 수 있지 않을까? 그 과정이 나로부터 시작될 수 있다면 이 얼마나 가치로운 일일까? 유기 동물 봉사를 시작하면서 평소 좋아하던 조동화 시인의 '나 하나꽃 피어'의 한 구절을 마음에 새기곤 한다.

"나 하나 꽃 피어 풀밭이 달라지겠냐고 말하지 말아라.

네가 꽃 피고 나도 꽃 피면

결국 풀밭이 온통 꽃밭이 되는 것 아니겠느냐."

나로 하여금 하나둘 꽃 피워 풀밭을 꽃밭으로 만들 수 있다면, 더 많은 사람들에게 닿아 마음이 더해지고 행동으로 이끌어 낼 수 있다면, 내가 꿈꾸는 날이 조금은 더 빨리 오지 않을까? 나의 뜨거웠던 지난 10년을 담은 이 책은 앞으로 아름답게 써 내려 갈 10년 혹은 그 이상의 서사에 더 단단한 힘을 줄 수 있을 거라 믿는다.

이 책을 쓰면서 돌아보니, 이따금씩 흔들리고 우뚝 멈춰 서 있어야 했던 나를 더 정성스럽게 어루만져 준 사람들이 있었다. 다정한 마음으로 유기 동물들을 돌봐 준 임보자님, 입양자님, 봉사자님…. 진실은 거창한 구호 없이도 곁을 조용히 지키며 오래 머문다. 10년을 굳건하게 버틸 수 있었던 이유는 그들이 함께했기 때문이 아닐까 싶다. 그리고 가장 짙은 위로의 근원이자 힘을 내야 하는 이유인, 내게 닿은 결 고운 천사들을 빼놓을 수 없다. 사랑, 존중, 헌신, 어느 것 하나 충족시켜 주지 못했던 나의 불완전한 마음을 위대한 사랑으로 만들어 주는 아이들의 맑은 눈빛을 기억한다. 함께한 매 순간 어느 하나 소중하지 않은 것이 없었고 아름답지 않은 것이 없었다. 그 무엇 하나도 사소하지 않았다.

슬프지만 행복했던, 나의 결 고운 천사들과 함께한 서사를 들려주기에 앞서.

2024년 다시,
가을의 문턱에서
두푸딩 언니 이현화

두부와 푸딩이 그리고 나

목차

PART · 1

종종 도망치고 싶었지만
끝내 떠나지 못했다

1 · 인연의 시작

누구나 처음은 있다. 투박하며 부족했지만 설렘과 의지가 가득했던 10년 전을 떠올리면 그 시절이 내게는 마치 잠깐의 쉼표와도 같다. 힘든 기억을 아름답게 채색해 준다.

서른다섯이라는 나이를 살아가는 일도, 두푸딩 언니가 되고 사업장 대표가 되는 일도, 또 구조 봉사자로서 살아가는 삶도 모두 처음이었기 때문에 그 시작점에서는 서툴고 실수가 있을 수밖에 없다. 처음 유기 동물 세상에 걸음을 내디뎠을 때, 나 역시 아는 게 많지 않았다. 무턱대고 뛰어들었던 탓에 나 때문에 불편을 경험했을 아이들이 분명 있었으리라 생각한다. 그렇게 무지했던 내가 본격적으로 구조 경험을 쌓기 시작한 것은 유기된 동물을 임보, 즉 임시로 보호하면서부터였다.

시카고에 사는 사람들에게 입양이 결정된 '토드'라는 아이가 있었는데, 출국 전 열흘 동안 지낼 단기 임보처를 구한다기에 무작정 손을 내밀었다. 그 당시 나는 학원 방학 특강에, 사업 준비에 이래저래 정신없는 시간을 보내느라 임보를 할 여유가 없었지만, 토드가 출국하기 전까지만이라도 작은 케이지가 아닌 따뜻한 집에서 밥을 먹이고자 데리고 왔다. 그때 나에게 주어진 상황에서는 이게 그 아이를 돕는 최선의 방법이었다. 어두운 과거와 슬픔을 갖고 있는 아이에게 세상은 참 따뜻한 곳이라는 것을, 너는 사랑받을 자격이 충분한 존재라는 것을 알려 주는 게 중요하다고 생각했다. 마음으로 마음을 돌보는 임시 보호 봉사는 그렇게 시작이 되었다.

집에 오자마자 배변도 척척 가렸고, 처음 보는 두부와 푸딩이와도 사이좋게 지냈다. 그런데 이처럼 티 없이 밝은 토드에게는 안타까운 사연이 있었다. 토드를 버린 주인은 자신이 키우던 고양이가 외로워하는 것 같아 친구를 만들어 줄 생각으로 토드를 데리고 왔다고 한다. 하지만 고양이와 강아지의 기본적인 습성 차이조차 공부하지 않았던 입양자의 미흡한 준비성이 문제였다. 놀자고 다가가는 토드 때문에 고양이가 스트레스를 받자 고양이가 우선이었던 주인은 토드를 학대하고 방치하다 결국은 버렸다. 그렇게 토드는 세상의 전부를 잃었다. 사람의 무지함에 더해 무책임 때문에 버려진 토드의 과거가 참 속상했는데, 내 마음을 더 아프게 한 일이 생겼다. 처음엔 아무런 증상도 없이 건강하게 잘 지냈지만, 출국 당일 공항에서 기관지염 증상을 보여 결국 출국이 취소된 것이다. 나는 그때 토드를 보내면 안 될 것 같다는 마음이 들었다. 그래서 동물 단체의 운영진에게 해외가 아닌 국내에서 좋은 가족을 찾아 주자고 건의하면서, 내가 책임지고 치료와 입양 홍보를 하겠다고 부탁드렸다. 결국 내부적으로 논의 끝에 토드는 나와 함께할 수 있었다.

　유기된 동물을 임시 보호 할 때, 임보자가 해야 할 의무의 범위는 같지만 그를 행하는 임보자의 태도는 각양각색일 것이다. 하지만 임시 보호가 임보자의 특성에 따라 달라져서는 안 된다. 내 가족과 동일한 조건으로 보살펴야 한다. 먹을 것과 잠잘 곳을 제공하는 것은 물론이고 의료 지원까지도 말이다. 의료 부분에서 큰 비용이 발생하면 단체에서 진행해 준다고 했지만 나는 토드에게 필요한 모든 치료를 직접 책임졌다. 대퇴골 탈구가 있던 토드는 수술이 필요했고 때마침 두부와 푸딩이가 다니는 예은동물병원 권기범 원장님께서 토드를 보시고는 도와주고 싶다는 의사를 먼저 밝혀 주셨다. 그 덕분에 토드의 수술, 재활, 회복까지 무사히 잘 마치고 입양 홍보에 집중할 수 있었다.

　두부와 푸딩이와도 어쩜 이렇게 조화롭게 지내는지, 아기 때부터 함께 자란 것처럼 잘 지내는 모습을 보면 참 고맙고 기특했다. 내가 우리 아이들의 세상인 것처럼, 토드 또한 나의 세상이 되어 가는 게 느껴졌다. 하루가 다르게 몸도 마음도 안정을 찾으며 건강해지는 모습을 보면서 다시금 깨닫곤 했다. '아, 이런 모습을 보기 위해서 임보를 하는 거구나.' 사람의 잘못으로 빛을 내지 못하고 있던 아이들에게 손 내밀어 빛을 내게 도와주는 일, 이렇게 반짝이는 보물들이 참 많은데 우리가 알아보지 못하고 있는 것뿐이라고 알리는 일. 그렇게 토드의 마지막 가족을 찾을 때까지 든든한 다리가 되어 주는 임시 보호를 할 수 있어 참 감사했다.

임시 보호를 한다는 것은 입양을 보내기 전 단계이다. 보호 과정에서 입양 신청이 들어오면 서류 심사를 한 후 입양 희망자가 적합한 조건을 갖추고 있는지 여러 질문을 하고 내가 직접 토드와 함께 입양 희망 가정을 방문하기도 했다. 그 후 단체 운영진들과 상의하여 토드의 입양처를 결정하기까지 긴 시간 동안 구조자의 책임과 마음이 나에게 자연스레 스며들게 된 것 같다. 구조자이면서 동시에 그 끝을 책임지는 임보자의 역할을 하면서 느낀 것은 하나다. 어느 위치에 있든 아이를 생각하는 마음은 다 같다는 것. 평생 책임지고 마음을 나눌 따뜻한 가족을 찾아 주고 싶은 마음. 진짜 가족, 마지막 가족이 되어 줄 사람을 찾아 주고 싶은 마음. 그 예쁜 마음들이 한데 모여 아이들의 세상을 바꿔 주는 일. 알면 알수록, 하면 할수록 내 마음이 1도는 더 따스해지는 일. 아이들의 행복을 바라는 희망의 바람은 더 강하게 불어 왔다.

나는 임시 보호가 참 재밌었다. 내 품에서 아이들이 건강해지고 예뻐지는 과정을 블로그에 올리는 일이 누군가의 마음에 가닿을 수 있고, 그것을 통해 서로 가족이 된다는 것이 신기하고 경이로웠다. 감사하게도 임보를 위해 데리고 온 아이들이 짧게는 열흘 안에, 늦어도 한 달 안에는 입양을 갔고, 나는 곧바로 도움이 필요한 아이의 임보를 이어 갔다. 그렇게 어느덧 임시 보호를 100여 마리 가까이 하게 되었을 때 큰 시련과 마주했다. 두부와 푸딩이가 아프기 시작한 것이다. 낯선 임보 아이가 오면 아이들이 나를 찾는 횟수가 잦아지고 눈치를 보며 몸을 떨다 내 품으로 파고들어 곤히 잠을 청하곤 했다. 이러지 않던 녀석들인데. 이러지 않았는데, 의아해하다 문득 드는 생각. '너희에게도 시간이 필요했구나. 그동안 내가 너무 쉼 없이 달려왔구나. 정작 아이들을 생각하지 못했구나.' 계절이 바뀔 때마다 갔던 제주도 여행도, 2주에 한 번씩은 다녔던 펜션 투어도, 여유롭던 나들이도, 다른 아픈 친구들을 돕느라 두부와 푸딩이에게는 먼 이야기가 된 거다. 100여 마리 가까운 임보 강아지들을 만나고 돌보는 일을 나 혼자 겪은 것은 아니었을 텐데, 그 변화를 아이들도 함께 겪은 것인데, 두부랑 푸딩이가 적응 과정에서 겪을 혼란을 미처 생각하지 못했던 듯싶다. 두부와 푸딩이가 소중한 것은 말로 다 할 수 없지만 주인을 잃고 길을 헤매야 하는 다른 친구들을 외면할 수도 없다. 나는 어찌하면 좋을까.

혼자만의 고민이 깊어질 때, 설상가상으로 둘째 푸딩이가 신부전 판정을 받았다. 너무했다. 그때 당시 고작해야 3살 된 아이한테. 나와 함께한 6개월의 시간 이후로는 온전한 사랑을 누리지 못한 채 임보 아이들에게 나눠 주어야 했던 푸딩이. 단 한 번도 속썩이는 일 없이 착하게 이해해 주던 아이였는데. 신장이 망가지고 간 수치도 너무 높았다. 그때부터 의학 서적이란 서적은 다 찾아보고 식단과 보조제뿐 아니라 생활 패턴까지 모두 바꿨다. '이제 와서 얼마나 좋아질까.' 하는 안타까움도 있었지만 지금보다는 나아지길 바라는 마음으로 매일을 열심히 지냈다. 푸딩이도 나도. 그렇게 한 달이 지났을까. 푸딩이의 재검 결과는 모두 정상 수치로 진입했다. 망가진 신장이 돌아올 수는 없어도 모든 기능이 잘 유지되어 정상 수치가 되었다니 그것만이라도 다행스러운 일이라는 생각이 들었다.

두부가 아프고 푸딩이의 신부전 문제까지, 아이들 걱정에 세상 끝자락까지 내몰린 듯한 순간을 경험했다. 아이들이 아픈 게 모두 내 탓 같아서 죄스러운 하루하루를 보냈다. 왜 더 일찍 알아차리지 못했을까. 유기견 봉사라는 핑계로 아이들이 아플 때까지 등한시한 내가 참 싫었다. 무엇보다 우리 아이들이 건강하고 행복해야 주변을 돌아보고 아픈 친구들을 도울 수 있다는 것을 새삼 깨달았다.

그렇게 1년 뒤, 안정되었던 푸딩이의 간 수치는 다시 튀었다. 수액을 맞으며 힘겨워하는 푸딩이를 보면서 하루에도 열두 번은 더 무너져 내렸다. 두 개의 온전한 신장을 가진 아이들에 비해 절반의 신장만으로 살아가는 나의 푸딩이. 푸딩이가 잘 버텨 준 지난 1년이 내게는 얼마나 감사한 시간인지 모른다. 긴 하루를 보내고 함께 침대에 누워 내 옆에서 곤히 자는 푸딩이를 보면 기특하고 미안하고 고마운 감정이 복합적으로 들면서 눈물이 난다. 그리고 다시 한번 마음을 다잡게 된다. 우선은 내가 단단해져야 한다. 푸딩이를 위해 나는 강해져야 한다. 매일 밤 세상의 모든 신들께 빌었다. 신부전, 간부전 아이들의 평균 수명보다 조금만 더 오래, 아니 그보다 더 오래 내 곁에 있게 해 달라고 말이다.

나의 정성이 통했는지 혹은 병을 이기고자 한 푸딩이의 마음이 굳건했던 덕분인지, 그때로부터 8년이 지난 지금도 푸딩이는 여전히 내 곁을 떠나지 않고 있다. 이제는 그저, 푸딩이의 마지막이 언제가 되더라도 그날까지 푸딩이가 많이 아프지 않기를 바랄 뿐이다. 그 끝이 너무 고통스럽지만 않기를, 푸딩이가 앓고 있는 병에

푸딩이, 부디 아프지만 않기를…

흔히 따르는 수많은 합병증이 되도록 찾아오지 않기를 간절히 빌 뿐이다.

푸딩이가 아프기 시작한 때부터 자연스레 임시 보호는 먼 나라 이야기가 되었다. 하지만 슬프게도 유기 동물에게 세상은 여전히 혹독했다. 그 변함없는 사실에 마음이 참 무거웠다. 임시 보호를 통해 언젠가는 아이들이 꽃피울 수 있을 거라는 생각으로 쉼 없이 달려왔지만 아직도 우리는 아이들의 세상을 바꾸지 못했다. 나는 점점 무력감에 무너졌고 세상에 대한 회의감에 돌아설까도 고민했다. 하지만 내가 떠나고 또 다른 사람이 떠나고 그렇게 우리 모두가 아이들의 힘겨운 삶으로부터 떠난다면, 결국 마지막에 남는 것은 아이들뿐이니까. 아이들에게는 내가, 우리가 전부인데 말이다.

간혹 내 주위의 사람들 중에는 여러 사정으로 인해 임보를 못하고 있어서 그걸 마음의 짐으로 여기기도 했는데, 나 역시 그랬다. 하지만 꼭 유기 동물을 입양하고 임보하는 것 말고도 돕는 방법은 참 많다는 것을 알려 주고 싶다. 누군가는 직접 보호소에 가서 봉사를 하고, 누군가는 유기 동물 거리 입양 캠페인의 스태프로 참여해 일을 돕는다. 또 누군가는 기부를 하거나 후원을 한다.

나 또한 그때 내 자리에서 할 수 있는 일을 찾다 보니 첫 임보를 하게 되었던 것이고, 나중에 푸딩이가 아프면서 임보를 하지 못하게 된 이후에 유기 동물을 위해 다른 무엇이라도 해야겠다는 마음으로 한창 여행도 다니고 싶고 친구들도 만나고 싶을 20대 중반이라는 꽃다운 나이에 일반 사람들에게는 낯선 세계인 동물 구조라는 길에 들어섰다. 나중에야 이 길이 얼마나 힘겹고 외롭고 처절한 길인지 알게 되었지만, 동시에 동물을 구조하고 보호하는 일이 나를 위로한다는 사실도 깨달았다.

또 주변 사람들로부터 나의 활동 덕분에 동물들이 버려지는 세상에서 희망의 끈을 놓지 않고 자신들도 열심히 활동할 수 있었다는 이야기와 함께 이런 질문을 받곤 한다. "10년 전으로 돌아가면 이 힘든 길을 다시 갈 수 있겠어?" 나는 늘 같은 대답을 한다. "그 길이 비록 힘들더라도 나는 어떤 방법으로든 그 아이들에게 닿았을 거예요. 적어도 내가 가닿은 아이들에게 나는 마지막 희망이었을 테니까."

⋮

"확실한 절망보단 불확실한 희망이 낫지 않을까?"

2 · 동물을 구조한다는 것

그렇게 발을 들여놓은 유기 동물 세상은 생각했던 것보다 더 어둡고 참혹했다. 보호소에 들어온 아이들은 공고 기한이라는 시한부 선고를 받는데, 공고 기한 동안 주인이 찾아가지 않거나 입양 혹은 구조가 되지 않으면 안락사 대상이 된다. 결국 보호소에서마저 선택받지 못한 채 남겨진 유기 동물의 끝은 전염병과 질병으로 자연사를 하는 것과 안락사라는 타의에 의한 죽음뿐이다.

시에서 운영하는 보호소라는 공간이 원래 개념을 상실하고 단순히 동물 보관소로 전락해 버린 경우도 많았다. 아이들이 지낼 수 있는 최소한의 환경을 갖춘 곳은 몇 군데 되지 않을뿐더러 지자체의 지원이 부족한 경우에는 더 열악한 환경에 처할 수밖에 없었다. 개체수가 적게는 200마리에서 많게는 500마리 가까이 되다 보니 아이들이 사람을 볼 수 있는 유일한 시간이라고는 하루에 밥 한두 끼 먹을 때뿐이고, 보호소 입장에서도 아이들 하나하나 어디가 아픈지 신경 써서 돌봐 줄 수 없는 게 현실이다. 그런 이유로 보호소 봉사 당시 내가 마주하게 된 것은 풀이 죽은 채 우리 안에 갇혀 있는 아이들이거나 쓸쓸히 죽어 가는 아이들이었다.

이에 대한 자세한 이야기는 뒤에서 다룰 예정인데, 이 외에도 외면할 수 없는 현실들이 많다. 유기 동물 보호소뿐만 아니라 개 농장, 번식장, 펫숍, 미용 실습견, 1미터의 짧은 줄이 세상의 전부인 시골 개들, 안락사, 도살, 학대 등이 바로 그것이다. 이 모든 불편한 단어들이 사라질 때까지 미약하지만 나의 활동은 계속될 것이다. 이 작은 활동이 물결을 일으키고, 이 물결은 언젠가 큰 파도가 되리라고 믿는다.

유기 동물 봉사를 시작한 10년 전부터 지금까지 나에게 동물 구조라는 것은 어떤 의미였을까. 단순히 유기 동물이 처한 환경을 바꿔 주는 것이 아니었다. 한 생명을 '책임'지는 일이었다. 세상에 사연 없는 유기 동물은 없다. 그들의 사연은 너무나 비참하고 안타까웠기에 다시는 그 비극이 반복되면 안 된다는 마음으로 새 가족을 찾는다. 입양을 보내도 보호자의 부주의로 산책 혹은 여행 중에 유실되는 사고가 일어나기도 하고, 문이 열린 찰나에 집을 나가기도 하며 학대하는 것도 모자라 유기까지 하는 것을 보고 더더욱 구조 봉사자로서 그 책임의 무게를 실감한다. 좋은 입양처라 생각하고 입양을 보내도 해당 가정에서 여러 이유를 들며 파양을 하기도 한다. 임신을 해서, 새로 이사한 곳의 환경이 동물을 키우기에 알맞지 않아서, 너무 짖어서, 배변을 못 가려서, 겁이 너무 많아서, 원래 키우던 개와 관계가 좋아지지 않아서 등등 자기들 편리에 맞는 온갖 주석을 달아 파양한다. 그런 소식을 접하면 참 속상하다. 그들은 파양이라는 생명 모독을 저지르면서도 이런저런 이유의 면죄부를 스스로에게 주며 자기합리화를 하고 마음의 평온을 찾을 거다. 하지만 버려진 아이들의 삶은 절대로 편하지 않을 뿐더러 파양견이라는 꼬리표가 달려 더 높은 편견의 벽과 함께 다시 가족을 찾는 데에 있어 힘든 길이 이어진다.

그 때문에 구조는 결코 쉬운 일이 아니다. 쉽게 하면 안 된다. 유기 동물이 가엾다는 이유로 또는 귀엽다는 이유로 입양을 쉽게 결정하면 안 된다. 자신의 상황과 마음가짐을 몇 번이고 확인할 필요가 있다. 하나의 생명을 구하고 치료하여 살리는 데엔 자신의 생각보다 훨씬 더 큰 의무와 책임이 따르기 때문이다. 게다가 그 뒤에는 수많은 사람의 온정과 기도가 모여 있기도 하다. 구조 봉사를 하면서 얻은 교훈은, 시간이 더디 걸리더라도 아이에게 가장 결이 맞는 가족을 찾아 주어야 한다는 것이다. 그래서 내가 구조한 개들은 입양까지 시간이 오래 걸린다. 단순히 입양 신청이 들어오는 순으로 입양을 보낼 수는 없지 않은가. 구조를 한 사람도, 아이들을 돕는 봉사자도, 입양을 희망하는 사람도, 구조된 나의 소중한 결 고운 천사들도 모두가 행복해져야 하는 일이니까. 아이들의 남은 생은 꼭 안전하고 행복해야 하니까. 나는 이 녀석들이 따뜻한 삶을 누리기를 누구보다 간절히 바라는 사람이므로 더디 걸리더라도 끝까지 책임 있는 구조를 지향한다.

세상의 끝자락에 몰린, 세상의 가장 낮은 곳에서 힘겨운 싸움을 하고 있는 아이들에게 손을 내미는 것과 동시에 반려동물에 대한 사회의 인식을 조금이라도 긍정적인 시선으로 변화시키고자 나는 꾸준히 노력하고 있다. 하지만 매일같이 구조를 하고 입양, 임보를 보내도 공식적으로 시 보호소에 들어오는 유기 동물의 수를 감당하지 못하는 게 현실이다. 많은 아이들이 다쳐서 들어오다 보니 안 그래도 전염병에 취약한 보호소는 늘 아픈 동물들로 넘쳐나 치료와 수술이 필요하다. 더 마음 아픈 현실은, 10년 전이나 지금이나 환견과 노견에게는 구조와 입양의 기회가 거의 닿지 않는다는 것이다. 내가 추구하고자 하는 구조의 방향은 치료와 수술이 필요한 아픈 아이들과 장애견들에게 주저 없이 손 내밀고, 앞으로 살아갈 날이 적은 노견들을 구조하고 입양 보내는 것이다. 죽음의 문턱에서 살아 나온 아이들이 치료를 받으며 건강해지는 모습을 보여 주면, 누군가 한 사람쯤은 나의 이 결 고운 천사를 가슴에 담아 주지 않을까 하는 기적을 바라며 구조를 한다.

"내가 유기 동물을 구조하는 것은
그 길이 얼마나 가치로운지 증명하기 위함이 전부는 아니다.
그들은 마땅히 보호받아야 할 생명이기 때문이다."

3 · 슬프고도 행복한, 멈추고 싶지만 멈출 수 없는

나는 유년 시절부터 가족의 죽음을 여러 번 겪어서 그런지 죽음에 의연한 편이다. 죽음 앞에 덜 힘들고 덜 슬프다는 의미가 아니다. 일상으로 회복하는 시간이 남들보다 빠른 편이라는 뜻이다. 생명을 살리는 일에는 죽음과 마주할 준비가 되어 있어야 한다. 병에 들었거나 유기되어 안락사에 처할 위험으로부터 아이들을 구조하고 치료하는 과정에서 겪게 되는 이별은 여전히 낯설고 아프다. 특히나 가족을 만나지 못한 채 홀로 힘겨운 싸움을 하다 떠난 아이들을 마주할 때면 하염없이 무너지게 되는데, 내가 구조한 동물 중에 이런 아이들이 상당수 있는 것은 나의 구조 지향점이 노견, 장애견, 환견 위주이기 때문이다.

빼로와의 만남

하루에도 수많은 구조 요청이 들어오고, 구조해야 할 동물이 이렇게 많다는 사실에 무력감과 슬픔에 사로잡혀 매일을 보내고는 한다. 대부분 사람들이 그렇듯 유독 극한의 위기에 처한 가여운 생명에게 마음이 간다. 그중 뜬장(대소변 등을 처리하기 쉽게 우리를 땅에서 띄우고 뚫린 철망 등으로 바닥을 처리한 시설) 안에서 두려움과 추위에 온몸을 떨고 있는 5개월령의 뒷다리 마비 아이 '빼로'가 있었다. 빼로는 한창 사랑을 받아야 할 시기에 학대 때문인지 사고 때문인지 알 수는 없지만 척추뼈가 부러졌다. 그 사고 후 보호소에 들어왔고 당연히 안락사 영순위였다. 빼로가 있던 곳은 동물병원에서 운영하는 보호소였고 현장에서 아이들을 돕던 봉사자 말로는 병원 관계자가 빼로의 공고 기한이 한참이나 남았는데도 "저, 다리 못 쓰는 건 바로 안락사를 시켜야 하는데."라는 끔찍한 말까지 했다고 한다. 빛 한 점 들어오지 않는 구석진 곳, 먼지 가득한 곳에 덩그러니 있던 빼로. 가장 먼저 안락사를 당할 차례인 아이가 지내는 곳이라고 한다. 빼로에게는 보호소에서 보내는 시간마저 너무 가혹했다.

　길 위에서 구조되더라도 또 다른 위기가 시작된다. 보호소에 들어온 유기 동물에게는 가족을 찾는 10일의 시간이 주어지고, 그 시간이 지나면 모두 안락사 대상이 된다. 나는 보호소에 들어온 아이들 중에서 버려진 게 확실한 아이들, 더 빠르게 안락사를 당할 가능성이 높은 아이들을 우선적으로 구조해 왔다. 빼로도 안락사 가능성이 높았다. 나는 빼로를 살리기 위해, 늘 도움을 주는 협력 병원에 의뢰해 빼로의 현재 상태와 수술 가능성을 타진했고 긍정적인 답을 받았다. 망설일 시간이 없었다. 바로 다음 날 병원으로 옮겨 MRI 검사 예약을 했다.

하지만 주변에서는 모두 빼로의 구조를 만류했다. 맞다. 그때 나는 사실 다른 동물을 구조할 여력이 많지 않았다. 바로 직전에 구한 노견의 치료비만으로 500만 원 가까이 들었던 데다가 이런저런 구조 활동으로 자금난에 시달리고 있었기 때문이다. 그런데 여기에 빼로까지 구하면 수술비뿐 아니라 이후 끝없이 들어갈 재활비까지 그야말로 돈을 쏟아부어야 할지도 몰랐다. 그렇다고 손 놓고 있을 수도 없었다. 이처럼 큰돈이 들어가는 구조를 선뜻 떠맡을 단체나 개인을 찾기란 어려우니까.

결국 내가 하는 수밖에 없다고 생각했다. 늘 그래 왔듯이 비용의 무게는 가장 후순위로 두고 빼로에게 해 줄 수 있는 최선의 방법을 선택했다. 지금 죽기에는 빼로의 나이가 너무 어리지 않은가. 지금보다 조금이라도 나아진 상태로 아프지 않기를, 걸을 수 있기를, 가족 품에 달려가 안기길 바라는 마음으로 빼로만을 생각했다.

구조되어 내게 안긴 빼로는 참 작고 여렸다. 아픈 과거가 고스란히 몸에 드러나 있는데도, 이 녀석의 미소는 어느 아이보다도 밝고 천진했다. 사람으로서 그저 죄스러웠다. 바로 병원으로 이동했고 마취 전 검사에서 큰 이상이 없어 MRI 촬영까지 잘 마쳤다. 안타깝게도 결과는 참담했다. 부러진 척추엔 이미 가골(부러진 뼛조각의 주위에 생기는 물질)이 형성되어 있었다. 보통 부러진 뼈가 붙어 가골이 만들어지기까지 4주 정도 걸리는데, 당시 빼로 상태를 보면 척추가 부러진 지 한 달 정도 된 것 같다고 했다. 그 과정에서 40퍼센트 이상의 디스크 압박이 일어나고 있어 신경이 손상된 상태였다. 양쪽 뒷다리에는 심부 통증 말고는 신경이 거의 손상되었는지 반사 반응조차 없었다. 수술하지 않는다면 부러진 뼈가 디스크를 압박해 신경이 더 손상이 되며 악화될 테고, 수술을 한다 해도 수술 과정에서 신경이 손상될 가능성이 있었다. 척추 골절 수술 자체도 위험성이 높아 예후가 좋다고 장담할 수 없었다. 그럼에도 수술을 결정한 이유는, 기적을 바라며 나아질 가능성을 찾자면 역시 수술밖에는 달리 길이 없었기 때문이다.

나와 다른 봉사자들은 빼로가 처한 현실에 할 말을 잃었다. 세상에 태어난 지 고작 5개월밖에 안 된 녀석에게 왜 이리도 큰 시련이 닥쳤는지 모르겠다. 골절 또한 사고도 낙상도 아닌 외부 충격에 의한 것이라고 했다. 때렸거나 던졌거나 둘 중 하나일 것이다. 앞으로 얼마나 많은 굴곡이 있을지는 모르겠지만 빼로를 구조하고 함께한 하루 동안 느낀 것은 명확했다.

'허망하게 안락사를 당하지 않고 우리 곁에 살아 있음에 참 감사하다. 혹여 걷지 못하더라도 빼로에게는 튼튼한 앞다리가 있으니 괜찮다.'

척추 골절로 후지 마비가 왔던 빼로는 5시간에 가까운 대수술을 받았다. 열어 보니 골절된 지 오래되어 골절 부분과 그 주변이 아주 엉망이었다고 한다. 부러진 뼈가 붙으면서 생기는 가골이 이미 너무 많이 형성되었고 뼈가 자라면서 신경 손상을 일으켰다. 보통 노출된 척수를 건드리면 움찔거리는데 아무런 반응이 없었다. 그쪽 신경이 모두 다 죽어 있던 거다. 안쪽에 있는 척수는 조금씩 움직였지만 골절 시기가 오래되어 신경 손상이 많이 진행된 상태였다.

예상으로는 2시간이면 수술이 끝나겠지 생각했는데, 5시간 가까운 수술이었으니 얼마나 크게 다쳤는지 알 수 있었다. 앞으로 걸을 수 있다. 없다 이런 문제를 따질 때가 아니었다. 2차적인 신경 손상만 없기를 바라는 생각이 들기 시작했다. 완전하지는 않더라도 어느 정도 걸을 수 있기를 바라는 마음뿐이었다. 부러진 탓에 등뼈가 휘어져 툭 튀어나와 있던 것은 최대한 잘 맞춰 모양을 만들었다. 의료진은 최선을 다했다. 어쩌면 빼로의 몸 상태를 직접 보고 수술을 한 그들이 누구보다 안타깝고 속상했을지 모른다. 담당 선생님께서 수술을 마무리하며 "빼로야, 꼭 걷자."라고 말씀하신 것처럼 기적이 일어나길 바랐다. 완벽하지는 않더라도 내가 할 수 있는 최선을 다하기로 다짐했다. 빼로를 살리고 최대한 신경 손상을 막고 빼로의 고통을 줄여 주는 것만으로도 분명 의미 있는 일이니까. 그때가 빼로를 만나 구조한 후 빼로가 앞으로 가야 할 길이 더 이상 외롭지 않기를 간절하게 바랐던 순간이다.

재활이라는 길고 힘든 싸움

수술을 마친 빼로에게 재활이라는 길고 힘든 싸움이 시작되었다. 퇴원 후 주 2회의 침 치료와 수중 재활, 운동 재활을 해야 하는데 1회 재활에 대략 17만 원 정도가 들어 비용이 만만치가 않았다. 빼로의 검사비와 수술비만 해도 감당하기 힘들었던 상황이었는데, 앞으로 끝없이 이어질 재활 비용을 내가 감당할 수 있을까. 구조 후 지금까지 내가 할 수 있는 범위 밖의 아이를 구조한 게 아닐까. 많은 생각이 들기도 했다. 그래서 우울 속에 빠져 헤매고 또 버티는 나날이 이어졌다. 구조보다 구조 뒤에 책임을 지는 일이 더 어렵다는 생각이 자주 들었다.

나는 노견과 환견, 장애견을 구조하며 매 순간 치료비라는 현실의 벽과 마주 서지만, 사정을 잘 모르는 다른 사람들은 "두푸딩은 어떻게든 치료를 해 주고 입양을 보내더라. 역시 두푸딩이다. 두푸딩은 믿을 수 있다."라고 한다. 그때는 그 말이 정말로 부담스러웠다. 세상에 나와 빼로만 남겨진 기분이었다. 막막하고 무서웠다. 하지만 구조 봉사를 한 10년 동안 십시일반으로 힘을 모아 역경을 헤쳐 왔다고 생각한다. 앞으로도 나는 그렇게 이어 나갈 수 있을 거라 믿는다. 그 시간 동안 단 한시도 힘들지 않았던 적이 없지만 그렇다고 완전히 포기한 적도 없다. 나와 같은 마음을 지닌 이들이 하나둘 모여 빼로를 살리기 위해 치료비와 수술비 등을 모아 주었고, 꾸준히 재활 치료를 받을 수 있도록 도와주었다. 빼로뿐만이 아니다. 수많은 따뜻한 마음 덕분에 구조된 아이들은 아주 잘 지내고 있다. 죽음의 위기에서 벗어나 행복하게 뛰어노는 아이들을 보면 뿌듯하다. 아이들이 티 없이 노는 모습은 나의 행복이기도 하지만 자랑이기도 하다. 빼로의 경우도 그랬다.

감사하게도 빼로를 돌봐 줄 단기 임보처가 있었다. 우리는 빼로가 사용할 휠체어를 제작하는 한편 재활에 집중할 수 있는 환경을 만들기 위해 노력했다. 빼로를 구조하기로 결심한 순간 두 가지를 마음먹었다. 하나는 치료비와 재활비가 얼마가 들든 거기에 연연하지 않겠다는 거였다. 의연하게 대처하자고 생각했다. 절대로 돈 때문에 빼로에게 손 내민 그 순간을 후회하지 않기로 했다. 또 하나는 빼로를 마음으로 대해 줄 가족을 찾아 주는 일이었다. 걸을 수 있다는 희망을 놓은 것은 아니지만 설사 걷지 못한다 해도 가족이 있다면 얼마든지 이 역경을 이겨 나갈 수 있다고 믿었다.

그러기 위해서는 나부터 색안경을 벗어야 했다. '장애견'이라는 낙인을 지우는 것이 중요했다. 장애 때문에 아이나 보호자가 불편해지리라는 것은 사람이 만들어 낸 편견일 뿐이니까. 자신의 몸이 불편한 줄도 모르고 그저 깡충거리며 뛰어노는 빼로를 보면 장애 견이라는 표현은 편견이라는 것을 알 수 있다. 저 해맑은 모습 어디에서 장애라는 굴곡을 찾을 수 있겠는가. 빼로는 분명 지금 자신의 모습이 가장 온전하다고 느끼고 있을 테니까. 빼로는 여느 강아지들과 다름없었다. 먹을 거 좋아하고 사람 앞에서 가장 예쁜 미소를 보여 주는, 온 세상이 신기하고 재미난 강아지. 빼로는 어떤 그늘도 없이 빛나기만 했고 기운이 아주 밝았다. 이 기운은 가시적이지는 않지만 신기하게도 빼로를 보는 모든 이들에게 전해지는 것 같았다. 뒷다리를 끌며 걷는 모습을 보면 하염없이 눈물이 나며 무너지는 순간이 오지만 마음을 다잡았다. 그럼에도 빼로가 세상에서 가장 행복한 모습을 보여 주면 전혀 애처롭지 않았다. 빼로는 자연스레 나와 주위를 행복하게 만드는 힘이 있었다. 그 힘이 스스로에게도 전해지는 것 같았다. 행복이란 바로 이런 거겠지?

휠체어를 탄 빼로, 빼로는 깡충거리며 뛰어놀기를 좋아했다.

빼로를 구조했을 초기에는 해외에서만 입양 문의가 있었다. 장애견을 바라보는 편견이 한국보다는 해외가 더 낮은 것이 이유였을 것이다. 그곳에서는 다름을 틀림이 아닌 특별함으로 본다는 이야기를 들었다. 하지만 나는 욕심을 내 보고 싶었다. 이처럼 귀엽고 명랑한 빼로라면 한국에서도 좋은 가족을 만날 수 있지 않을까. 여러 차례 구조 활동을 하면서 알게 된 분명한 사실은, 우리의 따뜻한 손길과 함께라면 장애를 가진 반려동물도 충분히 행복한 삶을 살아갈 수 있다는 거다. 신체적으로 조금 다른 것일 뿐, 비장애 동물들과 똑같이 우리를 사랑하고 오래도록 함께하고 싶은 마음에는 차이가 없기 때문이다. 빼로를 통해 나는 세상에 우리의 이야기를 더 많이 알리고 싶었다. 빼로가 이만큼 가치롭고 멋진 아이라는 것을 보여 주고 싶었다.

하지만 마음과 현실은 달랐다. 후지 보행이 힘들고 주 2회 재활을 다녀야 하는 빼로에게는 임보처 구하는 것이 하늘의 별 따기였다. 다들 마음으로는 아파했지만 현실적으로 돌보기 힘든 아이라 데려가겠다는 사람이 없었다. 그럼에도 인연의 끈은 운명과도 같아서 절대 끊어지지 않고 이어진다. 빼로에게 손을 내밀어 준 임보자가 나타난 것처럼 말이다. 그녀는 선교사인 아버지를 따라 어렸을 때부터 해외에서 생활했는데, 한국 예능 프로그램인 〈무한도전〉을 보며 한국어를 배웠다고 한다. 출연진들이 끝없이 도전하는 모습도 멋졌지만, 무모해 보이는 도전들을 즐겁게 해내는 과정이 좋았다고 한다. 이번 임보는 어쩌면 자신에게 무모해 보일 수도 있는 도전이지만 즐겁고 신나게 해 보겠다고 각오를 다졌다고 한다. 기적이란 선물은 우리가 모르는 사이 옆에 쓰윽 와 있을 거라는 말과 함께.

임보자는 빼로와 함께 헤쳐 나갈 이 도전이 비록 무모해 보일지라도 함께할 수 있다는 것에 무한으로 행복해하고 무한으로 시도해 보겠다고 했다. 설령 넘어지더라도 옆에서 끝까지 지지해 줄 거라고 했다. 빼로에게 버려진 아이, 아팠던 아이, 그나마 이렇게 살아남아서 다행인 아이라는 타이틀보다, 무한으로 도전하는 아이, 그 어려운 것들을 멋지게 해내는 아이, 많은 사람들이 지켜 준 아이, 선택받고 사랑받은 아이로 기억될 수 있도록 옆에서 사랑으로 묵묵히 빼로와 함께해 주겠다고 했다.

임보자의 정성과 병원의 노력이 합쳐지면서 빼로의 다리 힘과 허리 힘이 좋아지는 것이 조금씩 눈에 보였다. 벚꽃 구경도 하고 매일 산책을 다녔다. 반려견 동반이 가능한 곳은 어디든 빼로와 함께했다. 온 세상 사랑을 가득 입은 빼로가 되었지만 가족은 오지 않았다. 몇 건의 입양 문의가 있었지만 문의를 받을 때마다 받는 첫 번째 질문은 늘 "병원에서는 빼로가 걸을 확률이 몇 프로나 된다고 하나요?"였다. 그럼 나는 모두에게 이렇게 말했다.

"빼로와 같은 아이들을 둔 보호자들에게 재활이란 끝없는 싸움이에요. 그래서 어렵고 힘든 거라 생각합니다. 빼로는 학대로 척추가 부러진 채 오래 방치되어 신경이 많이 손상되었고 그 상태로 저희에게 닿아 기특하게도 큰 수술을 잘 버텨내 주었어요. 수술 전의 빼로는 아주 비관적이었지만 수술 후에는, 그리고 재활을 시작한 후의 모습을 보면 더디더라도 조금씩 좋아지고 있다는 거예요. 현재 빼로는 꾸준한 재활과 홈케어를 받고 있습니다. 저희는 빼로가 분명히 서고 다시 걸을 거라 믿어요. 물론 완벽하지는 않을 수 있겠죠. 하지만 그러지 못한다고 해도 안고 가야 하죠. 혹 우리의 기대와 달리 결과가 좋지 않더라도, 현재의 빼로에게 '괜찮다. 기특하다. 이미 넘치게 잘해 왔다. 너는 충분히 가치롭다.' 이렇게 여겨 주실 가족을 기다리고 있습니다."

괜찮아, 다 괜찮아

"꼭 걷자. 걸어야 해."라고 말했던 우리의 응원이 어느 순간부터 무겁게 느껴졌다. 걸어야 입양을 갈 수 있다는 전제가 깔린 것 같아 미안했다. 내겐 지금의 빼로로도 충분한데. 빼로는 자신의 방법으로 여러 편견과 싸우는 중이고, 자신의 처지는 아랑곳하지 않고 더 신나게 뛰어다니고 아픈 과거가 느껴지지 않을 만큼 씩씩했다. 두려움 없이 사랑하고 온몸으로 행복을 노래하는 빼로가 지금 그 모습을 잃지 않았으면 했다. 우리가 만들어 놓은 굴레 속에 갇히지 않길. 묵묵히 기다리며 지금의 빼로를 지켜 주고 싶었다. 걸으면 좋겠지만 그러지 못한다 해도 이미 빼로는 내게 기적, 그 자체였으니까.

빼로에게 주어진 단기 임보 3개월은 금세 지나갔다. 빼로는 신경 손상으로 인해 오줌을 계속 흘리고 다니기에 매너벨트(반려동물용 기저귀) 착용이 불가피했다. 매너벨트가 오줌으로 금방 차기 때문에 주기적으로 갈아 줘야 하고, 대변을 볼 때는 뒷다리가 불편하여 잘못하면 변을 짓눌러 똥 파티가 된다. 이게 빼로와 함께 지내는 데에 있어 가장 큰 걸림돌일 거라 생각했지만 달리 생각해 보면 우리가 조금만 더 부지런해지면 되는 문제였다. 재활 덕분에 조금씩 항문 신경도 돌아와 대변을 볼 때면 자신만의 신호를 보내며 안절부절못하는 모습을 보여 준다. 눈여겨보다 그때 바로 치워 주면 되는데 결국 중요한 건 빼로를 돌볼 수 있는 시간이 많은 임보자, 입양처여야 했다. 후지 보행도 힘들고 통원 재활도 다녀야 하는 데다 배변 문제까지 있으니 빼로를 받아 줄 곳은 결국 나오지 않았다.

더 많은 손길이 필요한 장애견, 환견, 노견은 임보처를 구하기 힘든 게 현실이다. 서러웠다. 내겐 더할 나위 없이 완벽하고 예쁜 아이들이 편견의 벽을 넘지 못해 갈 곳이 없다는 게. 그래서 나는 이런 아이들을 내가 직접 돌보며 보호할 수 있는 공간을 만들기로 결심했다. 임보처마저 구해지지 않는 소외된 아이들 중에서도 더더욱 외면 받는 아이들을 위한 공간, 빼로로부터 시작된 '핏어팻 Pit-a-pat' 쉼터를 경기도 양평에 마련했다.

눈부시게 아름다운 공간이다. 작은 마당이 있고 햇살이 잘 드는 3층 전원주택이다. 매 층마다 틈 없이 논 슬립 매트를 깔았고 안전 펜스를 곳곳에 설치했다. 그렇게 빼로를 맞이할 준비를 끝냈고 빼로가 다시 내게 돌아왔다. 빼로는 그동안 마음을 나눴던 전 임보자와 헤어져 어리둥절한 모습을 보였지만 금세 적응했다. 여전히 밝고 씩씩했다. 밥도 잘 먹고 텃세 부리는 친구 강아지에게도 친근하게 대하는 등 전혀 문제를 일으키지 않아 천성이 고운 아이라는 걸 알 수 있었다. 분리 불안도 없고 기본 교육도 얼마나 잘되어 있는지, 완벽하다는 생각이 들 정도였다.

그런데도 현실의 벽은 너무나 높구나. 빼로에게 닿은 따뜻한 마음들이 수없이 많은데, 평생 가족이라는 단 하나의 마음이 없었다. 이따금씩 빼로를 바라보면 마음이 측은했다. 퍼피(강아지 시기의 반려견을 일반적으로 부르는 표현) 때 만나 이렇게 멋진 아이로 성장했는데, 학대를 당하지 않았더라면, 등뼈가 부러져 후지 신경 손상이 되지만 않았더라면, 걸을 수 있었더라면, 힘을 내어 설 수 있었더라면…. 크리스마스의 기적으로 내게 닿은 빼로는 겨울을 보내고 봄과 여름이 지나 가을의 끝자락을 기다리고 있었다. 긴 기다림 속에서도 다 괜찮다고, 오히려 나를 위로해 주는 듯하던, 빼로의 우주를 담은 눈빛과 따뜻한 미소가 잊히지 않는다.

이 모든 생각들이 하루에도 수백 번씩 들었고 무너진 마음을 다독여야 했다. 힘들고 지치지만 그 속에서 우리는 어떻게든 희망을 그려야 한다. 그렇게 힘을 내야지. 빼로에게는 부족한 구조자 누나일 수 있겠지만, 빼로의 세상이 가장 따뜻하고 눈부신 것들로만 채워질 수 있도록 최선을 다하기로 했다. 그렇게 하다 보면 언젠가는 빼로의 있는 그대로의 모습을 받아 줄 아름다운 가족이 와 줄 거라 믿었다.

이런 믿음이 통했는지 빼로에게 좋은 기회가 찾아왔다. 재활 치료를 전문으로 하는 창원 정 메디컬 동물병원에서 빼로가 현재 받고 있는 재활을 돕겠다는 제안을 해 온 것이다. 원래는 주 1~2회 정도 치료를 받았는데, 빼로 컨디션에 맞춰 침 치료와 수중 재활 등을 본격적으로 실시해 주겠다고 했다. 창원에 임보처가 확보되지 않아 주중에는 병원에서 지내야 하는 부분이 걱정되었지만, 원장님과 간호사 선생님들이 잘 돌봐 주실 것이 분명했고, 빼로도 우리 마음을 알고 금세 적응해 주리라 믿었다. 또 너무나 감사하게도 주말 동안 함께해 줄 임보자도 나타났다. 빼로가 겪을 환경 변화 때문에 걱정을 하던 차였는데, 주말 동안만이라도 따뜻한 가정에서 지낼 수 있다니 조금은 마음이 놓였다. 고민했던 부분들이 해결된 후 빼로의 이동을 결정했고 그렇게 나는 빼로와 마지막을 앞두고 있었다.

빼로를 보내기로 한 후부터 내 마음은 하루에도 수십 번씩 가라앉았다. 먼 곳으로 보내야 하는 상황이 결국은 빼로에게 가족이 없기 때문이라는 아픈 생각으로 귀결되었기 때문이다. 가족만 있었다면, 가족만 있었더라면. 하지만 이 또한 소중한 기회였고, 또한 놓칠 수 없는 기회였다. 수없이 많고 따뜻한 정성들이 빼로에게 모였기에 가능했던 거라 생각하며 마음을 다잡았다. 평균 기대 수명을 보통 15년 정도로 본다면 그 긴 시간 속에서 지금 몇 달의 수고가 기적을 가져올 수도 있으니까. 버려졌다는 기분이 들지 않기를, 씩씩하게 재활 잘 받고, 재미난 추억 가득 만들고, 걸어서 돌아오기를 바랐다. 혹 결과가 좋지 않더라도, 너에게는 언제든 돌아올 곳이 있다는 것을, 수많은 가족이 있는 아이라는 것을 꼭 기억해 주길 바랐다.

빼로와 나

안녕, 나의 빼로

　나의 사랑을 가득 담아 보낸 지 1주일 만에 빼로는 싸늘하게 식어 버린 몸으로 돌아왔다. 재활을 시작하기 전 부산 임보처의 요청으로 원래 예정보다 일찍 보냈는데 그만 생각지 못한 일이 벌어진 것이다. 빼로의 사망 원인은 이물질 섭취로 인한 위장 내 과다 출혈 쇼크사였다. 사고는 임보자가 빼로를 데리고 여행을 하던 중에 일어났다. 사고 후 바로 증상이 있었지만 근처에 병원이 없는 시골이라 빨리 대처하지 못했다고 한다. 간신히 1시간 거리에 있는 병원에 데리고 갔는데, 위장 내에 이물질이 있어 바로 수술을 해야 한다는 소견을 받았다.

　그런데 왜 그랬을까. 이유는 모르겠으나 임보자는 재활을 진행하려던 창원 병원에 수술을 요청했다. 마침 연휴라 병원이 문을 닫았는데도 원장님께 사정을 설명하여 급히 응급 수술을 진행하기로 했다. 나는 지금도 이 결정을 이해할 수 없다. 분명히 처음 간 병원에서는 바로 응급 수술을 해야 한다고 했는데 왜 임보자는 창원 병원을 고집했을까. 더 이해할 수 없는 건 임보자의 다음 행동이었다. 바로 창원으로 이동해도 시간이 모자라는 긴박한 상황인데 숙소로 돌아가 짐을 챙기고 자신의 강아지들에게 밥을 먹이기까지 했다고 한다. 일분일초가 아쉬운 그 상황에서 임보자는 도대체 무슨 마음이었던 걸까? 나중에 임보자가 울며 내게 말했다. 숙소에 가서 아이들 밥을 먹이는데 빼로는 아무것도 먹지 못하고 멀리서 멍하니 쳐다만 보고 있었다고. 할 말을 잃었다. 그렇게 빼로는 7시간 만에 창원 병원에 도착했지만 이미 동공 반응조차 없었고 몸은 차갑게 식어 있었다. 병원에서 임보자에게 빼로 몸이 왜 이렇게 차갑냐고 물으니 에어컨을 틀고 왔다고 한다. 내장 출혈이 일어나고 있는 응급한 상황의 아이를 두고 에어컨을 틀었다니 이 건 또 무슨 생각에서 그랬을까. 모든 것이 의문투성이였다.

빼로의 혈압은 위험 수준까지 낮아졌고, 혈관도 안 잡혀 수액 과 약물 처치를 위한 정맥 라인조차 꽂지 못했다. 응급 처치로 바 로 호흡기를 달았지만, 이미 출혈이 시작되어 코와 입으로 피가 뿜어져 나왔다. 피를 빼 주기 위해 코에 달고 있던 호흡기도 떼고 라인을 꽂으려 했지만 할 수 없었다. 개구 호흡이 시작되었고 항 문을 비롯해 모든 구멍에서 검붉은 피가 쏟아져 나왔다. 몸에서 이렇게 피가 나올 수 있을까 싶을 정도였다. 빼로 옆에 함께 계셔 주셨던 봉사자가 원장님과 함께 빼로를 안고 그 모든 걸 다 받아 내 주셨다. 그리고 병원에 도착한 지 30여 분 만에 우리는 더는 할 수 있는 일을 찾지 못한 채 빼로를 보냈다.

빼로의 마지막 모습은 내가 알던 빼로가 아니었다. 눈부시게 예쁜 아이였는데 눈 감은 모습에는 고통만이 남아 있었다. 우리 빼로가 왜 이 상태까지 된 채 병원에 와야 했을까. 왜 이렇게 아프 게 떠나야 했을까. 빼로를 구조하고 1년 가까운 시간 동안 우리가 어떻게 수술을 하고 살려 내 지킨 아이인데…. 죽으면 안 되는 아 이였다. 죽지 않을 수 있었다. 내과적으로 너무나 건강했다. 비록 이물질을 삼키는 일이 벌어졌더라도 얼마든지 살 수 있던 기회가 많았다는 생각이 들었다. 슬픔과 절망을 넘어 원망과 분노가 사라 지지 않았다.

빼로를 가족처럼 생각했던 사람들이 참 많았다. 세 번의 계절 동안 나와 함께 빼로를 24시간 돌봐 주셨던 핏어팻 쉼터 봉사자분, 재활 때마다 늘 도움 주셨던 봉사자분, 5시간 넘는 빼로의 수술을 진행해 주신 주치의 김선영 선생님, 재활 선생님들, 팀 봉사자분들, 빼로의 고통스러웠던 마지막을 다 받아 주었던 창원 병원 원장님과 봉사자분까지. 빼로의 세상이 끝난 순간, 모두들 자신의 세상이 무너진 듯 슬퍼했다.

"빼로는 이제 고통 없는 곳에서 네 다리로 신나게 뛰어다닐 거야. 곧 다시 태어날 거야." 이런 말은 전혀 위로가 되지 않았다. 빼로가 없으니까. 빼로가 죽었으니까. 우리에게서 죽음으로 빼로를 빼앗아 갔으니까. 빼로의 마지막은 외로웠고 고통뿐이었다. 위장 출혈이 시작되면서부터는 형언할 수 없는 통증을 느꼈을 텐데도 빼로는 티 한 번 내지 않았다고 한다. 척추 골절을 겪었던 과거가 있었기에 참을 만했던 고통이었을까. 참는 것에 익숙해진 걸까. 1년 가까이 지내면서 익숙해진 우리 품이 아니라 낯선 사람 곁이어서 그랬던 걸까. 끙 소리 한 번 내지도 못하고 얼마나 아프고 무서웠을까. 숨이 턱 막혔고, 나도 이대로 숨이 멈췄으면 좋겠다는 생각이 들었다.

2023년 10월 1일 오후 7시 37분, 그렇게 빼로는 허망하게 별이 되었다. 빼로의 죽음을 전해 듣고 서울에서 바로 달려갔다. 임보자는 실신 직전이었고 나와 봉사자 여럿은 조용히 빼로의 마지막을 지켜 주었다. 걸으라고 보냈던 건데, 누나가 너를 너무 멀리 보냈구나. 우리 빼로, 안타깝고 아까워서 어쩌니. 빼로의 유골함을

빼로의 마지막 모습, 안녕… 나의 빼로

품에 안고 빼로가 없는 핏어팻 쉼터로 돌아온 순간 모든 게 무너져 내렸다. 빼로를 위해 시작한 이 공간에 빼로만 없다. 일주일이, 한 달이, 그렇게 여러 달이 어떻게 지나갔는지 모르겠다. 아주 긴 꿈을 꾼 듯하다. 동화 같은 이 행복한 꿈에서 깨기 싫어 울며 흐느끼다 정신이 드는 그런 기분이다. 울고 있는 지금이 현실인지 얼마 전까지 있었던 일이 현실인지. 내게 남은 삶은 비참했지만 꿈속에서는 빼로와 함께 행복하게 지내고 있었다.

구조를 결심하여 내 품으로 데리고 온 12월부터, 빼로와 함께한 1년의 꿈같던 시간은 동화 속 어린아이처럼 신나고 행복한 순간의 연속이었다. 내 앞에 있는 강아지가 현실의 아이인가, 아니면 꿈속의 아이인가 할 정도로 예쁘고 멋지고 착하고 순하고 씩씩했다. 그렇게 빼로가 신기하기만 했던 나날들이 떠올랐다. 이토록 완벽한 아이가 내게 오다니 믿기지 않는 순간도 많았다. 그렇게 매일, 스치는 찰나마저 소중해서 하나도 흘려 버리고 싶지 않았다.

슬픔은 일상에서 부유하지 못하게 가슴 깊숙이 잘 감춰 두는 것일 뿐 이겨 내거나 견디는 것이 아니다. 힘들게 가라앉힌 슬픔은 작은 움직임에도 이내 떠올라 눈앞을 뿌옇게 만들고 앞을 볼 수 없게 했다. 해가 뜨면 일어나야 했고 때가 되면 밥을 먹어야 했고 해가 지면 다시 잠에 들어야 했다. 한동안의 시간이 지났음에도 여전히 마음속에선 파도가 휘몰아치는데, 감정을 억누르고 있자니 껍데기만 존재하는 것 같았다. 빼로가 없던 시절의 내가 어떻게 살았는지 기억이 나지 않는다. '이럴 거면 빼로 재활을 포기하고 살걸. 그 힘든 재활, 시키지 말걸.' 하며 슬픔인지 후회인지 모를 감정이 폭풍처럼 밀려오며 화가 났다. 짜증 나고 화가 나는데 그 대상이 무엇인지 모르겠다. 순전히 나인지, 아니면 빼로를 걷게 해 주려던 우리의 노력을 모른 척 눈 감아 버린 하늘인지, 상실을 달래려는 간절한 마음을 비웃는 교묘한 이들인지, 이젠 더이상 후회한들 소용없어진 가정들 때문인지…. 아파도 참고 힘들어도 견디며 버텨 주던 빼로가 가엾고 안쓰러워 화가 난 감정 위에 다시 슬픔이 내린다. 살아가는 동안 이별의 슬픔은 계속될 테지만 마음에서 빼로를 놓아 주는 시간을 길게 보낼 것 같았다. 안타깝게도 난 여전히 그렇다.

겉으로는 멀쩡한 척, 괜찮은 척을 해야 하지만 하나도 괜찮지 않은 순간들뿐이었다. 어딜 가도 빼로와 함께한 곳이었다. 온몸으로 사랑을 말해 주던 빼로만 없다. 빼로에게는 우리가, 적어도 내가 세상의 전부였듯이 내게도 빼로는 너무나 큰 세상이었다. 결핍과 결핍이 만나면 절대 떨어지지 못하는 끈끈한 것이 있는데, 나와 빼로가 그랬지 싶다. 서로를 안쓰럽게 여겨 감싸 주고 보듬어 주고 위로해 주는 결핍들은 이루 말할 수 없는 단단한 연대가 된다. 그래서 이렇게 힘이 드는구나.

빼로의 죽음엔 분명히 모두에게 책임이 있다. 나와 봉사자분들은 각자 빼로의 죽음에 책임감을 느껴 자책하며 힘든 시간을 보냈는데, 임보자와 그 주변 이들은 처음부터 지금까지 빼로의 죽음이 구조자와 병원 탓이라며 책임 전가를 한 채 유언비어를 퍼트렸다. 그러면서 마지막 일주일을 함께한 본인이 빼로의 진정한 가족이라

칭하며 구구절절 감정에 호소했고, 그 모습에 휘둘린 주변인들이 나와 빼로를 가십거리로 선택해 가차 없이 도마 위에 올렸다. 나에게는 모든 녹취 기록과 그들이 그룹 톡에서 나를 비하하며 했던 대화 등 많은 증거가 있었지만. 우리는, 적어도 나는, 빼로의 평온만을 위해 입을 다물고 눈을 감고 귀를 막았다. 빼로의 죽음을 진정으로 슬퍼하는 사람이라면 절대 할 수 없을 말과 행동에 나까지 동참할 수는 없었다. 빼로를 모르는 사람들이 가볍게 내뱉는 말에 절대 흔들리지 않기로 했다. 우리와 빼로의 서사는 우리만 아니까. 우리의 이야기를 잔잔히 듣고 있던 수많은 사람들 또한 알고 있을 테니 말이다. 그들의 언행은 내 분노 안에는 영원히 있겠지만. 지금 내가 버티기 힘들어하는 슬픔의 선상에는 없었다. 빼로가 없다는 사실만으로도 숨 막히게 힘들었다.

너무 많이 힘들어하는 내게, 다들 그냥 빼로라는 존재를 잊으라고 한다. 그래서 더 아팠다. 내가 빼로를 잊는다고? 그럴 리가! 하지만 빼로가 바라는 건 이렇게 하염없이 무너져 내리는 내가 아닐 테니 조금씩 덜 울고 덜 힘들어하고 일상을 회복하려고 노력했다. 빼로의 또 다른 친구를 더 많이 살리고자 했다. 그게 내겐 영원히 빼로를 기억하는 일이니까. 빼로를 위해 모였던 사람들과 빼로의 이야기를 하며 울고 웃고, 그렇게 우리는 빼로를 기억했다. 시간이 지날수록 빼로와 우리의 이별은 세상의 관심에서 멀어졌다. 결국 어느 순간 우리만 남겠지만 괜찮았다. 우리가 영원히 빼로를 기억할 테니.

허무하게 시들어 버린 나의 소중한 천사들을 지켜보면서 시작보다 중요한 것은 마지막이라는 것을 알았다. 동물을 반려로 삼는 인구는 점점 늘어나는 추세지만, 반려동물이 죽을 때까지 자신들의 품에서 지내도록 하는 경우는 열에 하나나 둘뿐이라고 한다. 그사이에 이런저런 이유로 버려지는 일이 다반사이고, 특히 나이가 들어 아프기 시작하면 그 빈도가 높아진다. 쉽게 시작하고 쉽게 버리는 사람들에 대한 환멸감으로, 세상을 그리고 스스로를 '보호자'라고 칭하면서 실제로는 의무를 다하지 못하는 사람들을 삐딱하게 보는 시간이 계속되었다. 지금도 그 마음은 여전하다. 아무리 아이들을 구조하며 돕는다 해도 그보다 더 많은 수의 아이들이 버려지고 죽임을 당하는 세상에서 나는 무력감마저 느낀다. 아이들을 돕기 위해 나는 여기까지 피나는 노력을 해서 왔다. 그래도 여기까지 잘 왔구나 싶어 안도하며 큰 산을 넘으면 더 큰 산이 놓여 있어 원점으로 돌아간다. 나는 또 얼마나 노력을 해야 계속되는 산들을 넘을 수 있을까. 그 과정에서 '아이들의 손을 놓지 말아야 하는데, 절대 놓지 말아야 하는데.' 하면서 말이다.

이 모든 안타까운 상황과 감정에도 불구하고 분명한 것은 있다. 아이들을 버리는 것은 사람이지만 이 녀석들을 살리는 것 또한 사람이라는 점이다. 결 고운 사람들이 있기에 위기에 처한 나의 천사들이 기적과도 같은 기회를 얻게 되는 것이 아닐까? 삐로의 죽음으로부터 내가 버틸 수 있던 것 또한 그 주변에 있던 따스한 연대 덕분이다.

가는 길이 아무리 밝다고 해도 목적이 지저분하면 도착지는 깜깜하고, 가는 길이 어두컴컴해도 목적이 참하면 마침내 빛이 쏟아질 것이다. 마주한 한계에 좌절하지 않고, 흐르는 시간에 매몰되지 말고, 바른 길이 지름길임을 증명하는 것. 우리가 도모하는 가치가 무엇인지 명확히 판단하고 용서와 용기를 가지고 나아간다면 가벼운 것에 흔들리지 않는, 더욱더 단단해진 두푸딩 연결 고리가 만들어지지 않을까 하는 마음으로 나는 나의 결 고운 연대로부터 힘을 얻는다.

⋮

"빼로야, 누난 여전해. 오늘도 너를 기억하면서 울고 웃어.

너를 생각하면 늘 하늘은 구름 한 점 없이 맑고,

밤마다 별이 쏟아질 것 같아서 더 슬퍼.

하늘에서, 빼로가 보는 앞에서 울고 싶지 않았는데,

그냥 누나가 우리 빼로를 사랑해서 그런 거니까 너무 걱정하지 마.

다음 달에도, 내년에도. 민들레로, 보름달로, 나무에 내려앉은 눈으로,

흰 나비로, 어떤 형태로든 누나에게 닿아 줘.

누나가 우리 빼로 정말 많이 사랑해.

빼로야, 이 세상 어디서든 즐겁고 행복하게만 지내."

4 · 세상은 바꾸지 못했어도, 너의 세상은 바뀌었으니…

개를 키우는 것은 결코 쉬운 일이 아니다. 알면 알수록 힘들고 어려운 일이다. 개의 습성에 대한 최소한의 지식도, 아프면 치료해 줄 돈도, 사랑으로 케어해 주는 정성도, 산책시켜 줄 시간도 필요하다. 그렇게 하지 않으면 동물도 가족도 모두 불행해진다. 이제는 너무나 당연한 말이지만 세상에 나쁜 개는 없다. 처음부터 문제견인 경우 또한 없다. 사실 개가 일으키는 문제들은 보호자가 가지고 있는 문제가 개를 통해 표출되는 것일 때가 많다. 사람이 어떤 가정 환경에서 어떻게 지내며 사회화가 되었는지에 따라 달라지듯, 개도 어떤 보호자를 만나 어떻게 사회화가 되었느냐에 따라 달라지기 때문이다. 로트바일러도 온순한 개가 될 수 있고, 포메라니안도 맹견이 될 수 있다. 특히 버림받고 학대를 당했기 때문에 생긴 여러 종류의 트라우마는 모두 사람이 만들어 낸 결과물이다. 대표적인 트라우마로는 분리 불안이 있다. 버려졌을 때의 충격, 가족을 잃었을 때의 두려움과 상실감, 또다시 버려지지 않을까 하는 불안감이 극도로 커지게 되면서 구조 후 분리 불안 증세를 보이는 구조견들이 더러 있는 편이다. 특히 학대를 당한 경우 트라우마를 보이는 아이들이 있는데, 터치에 굉장히 민감하고 겁에 질려 있거나 도망가거나 입질을 하는 등의 방어적인 모습을 보이기도 한다.

애린원에서 만난 청아

2023년 1월부터 단체 봉사를 진행했다. 10년 전부터 내게 늘 아픈 손가락이었던 포천 애린원 아이들이 대상이었다. 국내 최대 규모의 쉼터로 시작은 좋았으나 재정적인 제약과 지원 부족 등의 문제로 결국 개 지옥으로 전락했다. 처음에는 몇백 마리 수준이어서 비교적 순조롭게 운영이 되었지만 2,000마리 가까이 개체수가 늘어나다 보니 일손도 턱없이 부족하고 교상 사고(물려서 다치는 일)도 빈번히 일어날 수밖에 없는 최악의 상황이 벌어지고 말았다. 말 그대로 개 지옥이었다. 매일 정해진 때에 끼니를 챙겨 먹는 일반 아이들과 달리, 봉사자가 들어갈 수 있는 주말에만 한 번 겨우 밥을 먹을 수 있던 아이들. 더위와 추위 등 극한 상황을 맨몸으로 버텨 내야 했던 아이들. 사람의 무관심 그리고 학대 속에서 친구들이 굶거나 추위에 떨거나 병에 걸리는 모습을 보면서 또 서로 싸우다 찢겨 죽어 가는 것을 보면서 삶이 아닌 생존의 법칙부터 알아야 했을 것이다.

아이들을 위해 15년 넘는 긴 시간을 매주 함께한 봉사자분이 있다. 닉네임은 호피. 작은 체구에도 불구하고 단단하고 깊은 에너지를 내뿜는 그녀는 전쟁터에서 홀로 온몸을 내던져 싸우는 외로운 전사 같았다. 내가 애린원 보은 쉼터 아이들 봉사를 시작한 이유는 아이들 때문이 분명하지만, 호피 언니를 포함한 현장 봉사자님들을 돕기 위한 마음이 조금 더 컸던 것 같다. 포천 애린원 시절 아무것도 모르고 갔던 봉사에서 생지옥은 이렇다는 걸 알게 되었고, 여러 이해관계의 대립 속에서 행여 아이들이 피해 볼까 입 닫고 귀 막으며 묵묵히 아이들을 위해 봉사해 온 이분들의 마음을 조금이나마 헤아릴 수 있게 되었다. 정기 봉사도 이들의 희생에 동참하고자 시작했고, 나 역시 아이들 때문에 하는 봉사지만 사람 때문에 버티기도 한다. 나와 결 맞는 사람들 덕분에 지금까지 올 수 있지 않았나 싶다.

애린원은 다행히 '비글 구조 네트워크(비구협)'라는 대형 동물단체에서 구제에 나서면서 철폐되었지만 또 다른 문제는 그때부터였다. 입양을 보낼 수 있는 아이들은 어떻게든 입양을 보내 개체 수를 줄였지만 수백여 마리의 아이들은 기회를 얻지 못한 채 남겨졌다. 남겨진 아이들 대부분은 늙고 아프거나 사람 손을 타지 않거나 사회성이 부족한 아이들이었다. 이 아이들은 충남 보은의 쉼터로 이동했는데, 이곳은 자유롭게 돌아다닐 수 있는 환경이 아닌 칸칸이 나뉜 견사에 한 마리 혹은 두세 마리씩 들어가는 시설이어서 마치 강아지 교도소 같았다. 지역도 수도권에서 더 멀어져 봉사자들의 참여도가 현저히 떨어졌다. 개 지옥에서 벗어났지만 수년이 지나고도 남겨진 아이들은 빛 한 번 제대로 보지 못하고 사

철거되기 전 애린원 모습

람 손길도 느끼기 힘들게 되었다. 나는 긴 고민 끝에 겨우 용기 내어 한 달에 한 번 단체 봉사를 진행했고 그날 하루만큼은 온전히 아이들을 위해 보냈다.

견사에 들어가면 똥을 지리고 온몸을 떨며 구석으로 숨는 아이들이 대부분이었다. 간식 하나 제대로 줄 수 없을 만큼 사람에 대한 두려움은 내가 겪은 어느 아이들보다도 심했다. 천천히 다가가 아이들을 대하는 방법도, 기다려 주는 방법도 봉사를 통해 조금씩 배워 나갈 수 있었다. 깨끗하게 세척한 그릇에 시원한 물을 담아 주고 견사를 나오면, 구석에 숨어 있던 아이들이 그제야 슬금슬금 나와 목을 축인다. 오물과 흙으로 더러워진 이불을 깨끗한 새 이불로 갈아 주고 나오면 눈치를 보다 온몸을 비비며 좋아한다. 사람과 세상에 대한 두려움만 있을 뿐, 아이들은 여느 강아지들과 다름없는 본성을 갖고 있었다. 아이들의 잘못이 아니다. 환경이 이런 아이들을 만든 것이다. 손을 내밀어 아이들의 환경을, 아니 아이들의 세상을 바꿔 주고 싶은 바람이 밀려왔다. 그렇게 나는 애린원 아이들에게 스며들었다. 몸은 힘들어도 마음만은 참 풍요로웠음을, 함께했던 봉사자분들 모두가 느꼈을 것이다.

보은 쉼터엔 2024년 현재 애린원 아이들 400여 마리가 남았다. 아이들 하나하나 다 안타까웠지만 그중에서 나의 마음에 콕 들어온 믹스견 '청아'라는 아이가 있었다. 포천 애린원에서 앞다리 장애를 갖고 태어나 8년이라는 시간을 버틴 아이였다. 청아의 다리는 너무나 좋지 않았고, 아파 보였고, 실제로 많이 아파했다. 다리가 불편해 더 힘겹고 처절했을 청아의 과거가 내게 더 아프게 닿았다. 손도 잘 타지 않고 사람을 무서워하는 건 당연했다. 앞다리 장애가 있어서 도망가는 것도 제대로 하지 못해 나름 쉽게 잡히던 아이였다. 나는 청아의 아픈 다리도, 아픈 마음도 치유해 주고 싶다는 생각이 들기 시작했다. 나는 어린아이들보다는 세월을 더 오래 담은 아이들이 좋고, 깊이 있는 감정의 서사를 가진 아이들이 좋다. 나는 청아의 시간이 가슴 저리게 아팠고 그 때문에 용기 내어 손을 내밀었다.

임시 보호를 하기로 결정하기까지는 다소 시간이 걸렸지만 결정을 하고 나서는 모든 일이 순식간에 진행되었다. 우선은 비구협 단체에서 요구하는 안전한 환경을 갖추었다. 사람 품도, 따뜻한 집도, 보호소를 벗어나 겪는 세상도 모두 처음인 청아에게 적응할 시간을 충분히 주기 위해서 나는 핏어팻 쉼터 3층을 온전히 청아에게 내주었다. 청아가 안락하게 지낼 수 있는 환경을 만들었고 무엇보다 안전을 중요시했는데, 혹시 모를 탈출 사고에 대비하여 현관 안전 펜스와 더불어 2층과 3층 진입로 계단에도 모두 안전 펜스를 설치했다. 그리고 마지막 미션은 보은 쉼터에서 내가 직접 청아를 핸들링하는 영상을 찍어 단체에 보내 주는 것이었다.

강아지 핸들링은, 강아지가 자신의 몸을 만지는 것을 두려워하지 않게 하는 과정이다. 누구는 번거롭게 왜 이렇게까지 하나 싶은 생각도 들겠지만 애린원 아이들뿐만 아니라 모든 임보, 입양 과정에서 이는 특히나 중요한 절차라고 생각한다. 현재 보은 쉼터에 남겨진 아이들은 방어적인 표현을 하는 경우가 많다. 겁이 많고 손을 타지 않는 경우가 대부분이고, 자칫 잘못하면 아이들끼리 싸우거나 보호소를 탈출하여 또 다른 사고를 당할 가능성도 높기 때문이다. 특히 임보처로 이동한 애린원 아이들 중 보호자가 아이들을 직접 핸들링하지 못해 임보처에서 거의 방치 수준으로 지내는 아이도 본 적이 있다. 그 아이는 결국 핸들링 교육이 가능한 다른 임보처로 이동했는데, 이동할 때 살펴보니 보호소에서 생활하던 것보다 상태가 더 엉망이었다. 가정 임보를 갔던 게 무색할 정도였다. 이런 경우를 봐서라도 임보자가 아이를 직접 만지고 케어해 줄 수 있는 정도의 역량은 필요할 것 같았다. 따라서 나 역시 아이를 직접 핸들링이 가능한지 확인을 위해 보은 쉼터를 방문했는데, 비가 추적추적 내리던 평일의 보은 쉼터는 봉사자가 들어오는 주말과 달리 너무나 적막하고 외로웠다. 나는 바로 청아의 견사에 들어갔다. 도망 다니는 아이들을 잡기 위해서는 양팔을 넓게 벌려 주저앉은 채로 몰아가는 듯이 다가가야 한다. 청아는 앞다리가 불편해서 생각보다 쉽게 잡을 수 있었다. 청아를 한참 쓰다듬어 주고 조심스레 안아 드는데, 들자마자 똥을 지리는 모습을 보니 속상했다. 애린원에서 태어나고 자라 보은 쉼터까지가 청아의 세상이었던 시간, 8년 만이구나. 청아도 드디어 나갈 수 있어. 이제 곧 나올 거야.

사람이 두렵고, 사람이 그립다

청아를 보은 쉼터에서 양평 핏어팻 쉼터로 옮기는 것은 생각만큼 쉽지 않았다. 양평으로 옮기기 전 기본 검진과 치과 수술을 할

애린원에 있을 때의 청아

예정이었는데, 구조 단체와 연계되어 있는 병원은 바로 예약하는 것이 힘들어 이동 일정을 잡는 게 제한적이었다. 그래서 내가 개인 구조 활동을 하면서 늘 도움을 받고 있는 연계 병원인 앙리동물병원에서 진행하기로 하고 충남 보은 쉼터에서 서울 성북동의 병원까지 청아의 이동을 도와줄 봉사자를 구했다. 이동하면서 봉사자가 사진을 하나 보내왔는데, 보호소에서 벗어난 청아 모습을 보니 모든 것이 낯설고 어색한지 두려운 기색이 역력했다. 병원에 도착한 청아는 겁은 많지만 방어적 입질도 없었고 공격성도 없는 순한 졸보였기에 검사를 받는 데에 전혀 문제가 없었다. 검진 결과 심장도 양호했고 혈액 검사에서도 특별한 문제가 나타나지는 않았다. 내과적으로도 큰 이상이 없었지만 양쪽 눈에 안검염이 심하고 피부가 좋지 않아 안약 처치와 약욕이 필요했다. 치아 상태는 최악이라 송곳니를 제외한 나머지 이를 전부 발치해야 했는데, 평생을 보호소에서 지내왔기에 어쩌면 당연한 일인지도 몰랐다. 장애가 있는 앞다리 체크는 청아가 핏어팻 쉼터에 와서 충분히 회복한 뒤에 하기로 했다. 그리고 드디어 청아가 핏어팻홈에 왔다.

켄넬을 열어 주니 청아는 바로 나와 구석구석 돌아다니며 냄새를 맡았다. 여전히 경계를 하며 긴장한 모습이었지만 켄넬에서 나와 준 것만으로도 감사했다. 잠시 시간이 지나자 배변도 시원하게 보고 어느 정도 안정이 되었는지 자리를 잡고 앉았다. 겁 많은 애린원 아이들은 임보처나 입양처로 이동하면 공통적으로 보이는 증상이 있는데, 그중 하나가 밥을 먹지 않는 것이다. 사람과의 공존이 처음이고 낯선 환경 탓에 긴장과 경계가 극에 달하여 며칠 동안 밥을 못 먹는 아이들이 대부분이다. 역시나 청아도 그랬다. 닭 가슴살도 삶아 주고 다른 아이들이 좋아하는 캔 사료도 줘 봤지만 눈치를 보면서 몇 번 먹다 말기를 반복했는데, 이때 필요한 것은 보호자의 단호함이다. 안 먹으면 그 자리에서 바로 치우고 다음 끼니 때 챙겨 준다. 그때도 안 먹으면 바로 치워야 한다. 하지만 아이들 먹이는 거에 민감하고 직접 갖다 바치더라도 잘 먹이고자 하는 나에게는 너무 힘겨운 임무였다. 그렇게 며칠이 지났을까, 처음으로 청아가 밥을 그 자리에서 다 먹어 주었다. 청아 식탁에 밥그릇을 올려 두고 2층으로 내려가는 척해 보았는데, 시야에서 내가 보이지 않자 마음이 놓이는지 조심스레 다가와 먹었다. 내가 자신의 시야에 들어오면 바로 먹는 걸 중단하고 다시 도망갔다. 우리는 매 식사 시간 때마다 눈치 게임을 해야 했다.

이렇게나 사람을 두려워하는데도 청아는 사람이 그리운 것이었을까. 아님 수백 마리의 개들과 함께 지내 오다 혼자가 되어 그랬을까. 낯선 곳에 온 청아에게는 당연히 적응할 시간이 필요했고 내가 보이지 않을 때면 하울링을 하기 시작했다. 하지만 그리 오래 지속되지는 않았다. '괜찮아질 거야. 괜찮을 거야, 청아야.' 애린원 아이들도 여느 아이들과 다름없는 아이들인데, 폭신하고 깨끗한 이불을 좋아하고 장난감을 좋아하는 사랑스러운 아이들인데, 하루빨리 청아의 친구들이 더 멋진 세상을 경험하길 바라면서, 청아도 이 공간과 나에게 조금씩 적응해 조금 더 넓은 공간에서 함께할 수 있는 순간이 오길 바랐다. 조급해하지 않고 청아의 시간을 기다려 주며 청아의 속도에 맞춰 가 보기로 했다.

청아가 치과 수술을 하고 온 날에는 입에 피가 고여 있었고 긴장으로 침이 가득했다. 주기적으로 청아를 구석으로 몬 후 붙잡아 입을 닦아 주고 안약도 넣어 주었다. 귀는 마치 석탄 채굴장 같았다. 평생 케어를 받지 못한 결과였다. 하루하루 지날수록 청아도 점점 적응하고 우리의 관계는 가까워지는 듯 평화가 찾아왔지만, 이도 잠시 치열한 관리 루틴이 시작되었다. 안약을 넣을 때나 귀 청소를 할 때면 아픈지 도망가려고 발악을 한다. 힘들게 가까워졌지만 우리의 치열한 모닝 루틴으로 다시 원점이 된 기분이었다. 청아가 싫어한다고, 혹 내가 귀찮다고 안 할 수는 없으니까. 청아가 너무 싫어서 방어적인 표현을 한다 해도 전혀 무섭지 않았다. 절대 그런 모습을 보이지 않을 녀석이란 것도 안다. 청아가 몸도 마음도 조금씩 회복하여 온전한 집 강아지가 되길 바랐다. 그렇게 우리는 가까워진 듯 가까워지지 못한 사이를 유지하고 있었다.

청아와 함께한 지 열흘이 되었다. 내가 눈에 보이면 헐레벌떡 도망가기 바쁘던 녀석이 이제는 내가 오면 내 뒤로 쪼르르 따라와 조심스레 냄새를 맡고 다시 도망간다. 그 모습이 어찌나 귀여운지 모른다. 다만 내가 등지고 있을 때만 가능했기에 청소하는 척, 밥그릇을 놓는 척하면서 몰래 뒤를 흘끔 쳐다봐야 했다. 그리고 3층에서 내려올 땐 계단 코앞까지 배웅하는 감격스러운 모습도 보여 줬다. 사진을 찍을 때도 거리 두기를 하느라 확대해서 찍은 탓에 사진이 죄다 엉망이었는데, 이젠 가까이 다가가 선명하게 찍을 수 있을 만큼 발전했다. 기본 케어를 해 주기 위해 청아를 잡고 안아 들면 똥을 싸고 온몸이 경직되었는데 이제는 깃털처럼 가볍게 안

긴다. 물론 여전히 열심히 도망 다녀서 나 또한 바닥을 기어다니
며 잡아야 하지만 말이다. 열흘 동안 청아는 분명 눈에 띄게 좋아
지고 편해진 것 같았다. 핏어팻홈에선 다 괜찮아. 괜찮아져, 청아
야. 우리 같이 세상의 따스함으로 조금씩 걸어가 보자. 이미 이만
큼이나 온걸!

관계의 거리가 줄어든다는 것은…

2주가 지나면서 매일 감동 가득한 청아와의 시간이 계속되었
다. 청아는 나의 눈빛과 행동 하나하나를 따르게 되었고, 선물로
받은 강아지 코담요(간식을 숨길 수 있도록 되어 있어 반려견의 후각 활
동을 돕는 담요)에 반신반의하면서 간식을 넣어 줘 봤는데, 세상에!
노즈워크(강아지가 냄새를 맡으며 하는 여러 활동)를 누구보다 잘하는
청아의 모습에 얼마나 놀랐는지 모른다. 그리고 처음으로 손에 든
간식을 받아먹기도 했다. 울타리를 사이에 둔 채였지만 손에 대한
공포감이 컸던 청아이기에 그저 기특하고 고마울 뿐이었다. 3주
넘는 시간 동안 청아와 나 사이의 거리는 3미터에서 30센티미터로
줄었다. 손길은 여전히 무서워하지만 이 정도도 아주 만족스러웠
다. 청아가 있는 3층에 올라가면 나는 일부러 다른 일을 하는 척한
다. 그러면 청아가 후다닥 다가와 내 몸 곳곳을 코로 꾸욱 눌러 가
며 냄새를 맡는다. 처음보다 더 적극적으로 코를 꾹 누르는데, 온
세상의 즐거움과 행복을 청아의 코가 전해 주는 듯했다.

산책은 불가했다. 임보 시작 전 호피 언니가 신신당부했던 것

이 청아를 잃어버리지만 말아 달라는 것이었다. 몇 달 전에도 임보 중인 애린원 아이가 열린 현관 틈으로 탈출한 사고가 나서 호피 언니와 함께 바로 달려간 적이 있다. 호피 언니는 유실된 애린원 아이들을 찾기 위해서라면 언제든 어디든 가리지 않고 가장 먼저 앞장섰다. 그리고 어떻게든 찾아냈다. 특히 청아가 온 지 얼마 되지 않았던 때에는 또 다른 애린원 아이인 가을이가 양평의 한 애견 카페에서 탈출하는 사고가 발생했다. 가을이는 쉼터에서부터 요주의 대상이었고 임보, 입양을 가더라도 유실될 경우 절대로 찾을 수 없을 거라 생각될 만큼 재빠르고 경계심이 강한 아이였다. 가을이가 탈출한 애견 카페는 실내와 실외에 운동장이 있는데, 운동장은 산과 계곡으로 이어져 있는 구조였고 안전하게 전체 펜스 작업이 되어 있지 않아 안전성이 낮은 상태였다. 따라서 콜백(보호자가 부르면 오는 행동)이 잘되는 아이들이면 몰라도 그게 아닌 아이들에게는 위험한 곳이었다. 애견 카페는 오는 손님들에게 오프리시(반려견이 줄을 착용하지 않은 것)를 주의해 달라 요청했지만 가을이는 결국 임보자의 부주의로 유실됐다. 호피 언니와 현장 봉사자들이 바로 수색 작업을 시작했고 임보자는 사비를 들여 전단지와 현수막 작업을 했다고 한다. 가을이 수색 관련 오픈 채팅방이 만들어졌고 수색 작업을 위한 봉사자를 모집했다. 포획 틀과 카메라를 설치했고 가을이로 추정되는 명확한 제보가 들어왔을 때는 수색견의 도움도 받고 드론을 띄우기도 했다. 이에 발생되는 비용 모금도 진행했다. 그 어느 때보다도 단체가 나서 움직여야 할 때인데 단체에서는 유실 사고에는 우리의 기대만큼 신경을 쓰지 않는 듯했고 봉사자들이 이 모든 걸 처리해야 하는 실정에 답답하고 안타까운 마음이 들었다. 가을이가 유실된 곳 주변은 양평에서도 특히나 산으로 둘러싸여 주변 인적이 드물었기에 제보를 받는 것도, 수색 작업을 하는 것도 쉽지 않았다. 추위와 배고픔, 산속 야생 동물의 공격 가능성 등 시간이 지날수록 가을이의 생사는 흐릿해질 수밖에 없었다.

하지만 사람이 포기하지 않는다면 아이와는 어떻게든 만날 수 있다고 믿는다. 숨 막히는 여름이 지나 그나마 환경적으로 마음이 놓이는 가을이 되었으나 여전히 행방은 묘연했다. 예년보다 살을 에는 추위가 기승을 부렸던 원망스러운 겨울이 지나가 어느덧 6개월이라는 시간이 흘렀을 때까지도 가을이와 관련하여 이렇다 할 소식은 듣지 못했다. 그리고 얼마나 지났을까. 가을이가 유실된 애견 카페의 사장님께서 차로 약 10분 떨어진 곳에서 가을이를 발견했다. 카메라에 찍힌 사진과 영상 속 모습은 누가 봐도 가을이였다고 한다. 우여곡절 끝에 가을이는 6개월 만에 호피 언니의 품으로 돌아왔다. 나는 기껏해야 가을이 수색 작업에 두어 번 간 게 전부였지만 가을이를 찾을 때까지 매주 양평으로 향한 호피 언니를 포함해 현장 봉사자들에게 특히나 감사와 존경을 보내고 싶다. 애린원 아이들을 위해 가장 앞장서 주시는 봉사자님들 덕분에 가을이도 무사히 돌아올 수 있었다. 나였으면 가을이를 찾자마자 안도와 함께 원망도 하고 다그치기도 했을 텐데 호피 언니는 가을이에게 빨리 못 찾아서 미안하다는 말을 했다. 존경스러웠다. 이 과정에서도 여러 이해관계가 얽혀 있었지만 이들은 모두 가을이만을 위해 움직였고 가을이가 돌아왔으니 되었다는 마음으로 눈을 감고 귀를 막았다.

6개월 만에 가을이가 살아서 무사히 돌아오니 마치 유실 사고는 없던 일처럼 잊혔다. 하지만 이와 관련하여 그저 실수였다고 쉽게 말하는 사람들이 나는 정말 무서웠다. 실종 후 죽은 아이들도 많은데 말이다. 생명이 걸린 일, 특히나 사람 때문에 생긴 일을 실수라고 하다니. 죽어서 돌아와야지만 그 책임의 무게를 느끼고 아이에게 미안함을 느끼게 되는 걸까 싶어 씁쓸했다. 사람의 실수로 겪지 않아도 될 추위와 사방에서 몰려오는 죽음의 위험으로부터 가을이가 버텨 내며 기특하게도 살아 있었기에 구출로 이어진 거다. 한 생명을 죽음으로 내몰 수도 있었던 실수에 대해서는 절대 간과하면 안 된다. 구조, 임보, 입양 모두 생명을 책임지는 일이기에 쉽게 생각하지 않길 바라고, 아이들과 함께하는 우리의 활동뿐 아니라 모든 일상에서도 더 경각심을 갖기를 바란다.

이 일련의 유실 사고를 겪고 나니 청아의 환경 문제에 눈을 돌리게 되었다. 청아의 세상은 여전히 핏어팻홈 3층 공간뿐이었다. 실내에서 하니스(동물의 어깨와 가슴에 채우는 줄)를 채우고 적응 후, 목줄을 더하여 이중 줄로 연결해 연습하는 시간을 충분히 가졌고 답답해할 청아를 위해 매일 한참 동안 창문 밖 세상을 보여 주었다. 창문을 활짝 열면 청아의 코 평수가 넓어진다. 커진 콧구멍 사이로 오뚝한 코가 덩실덩실 춤을 춘다. 이것만으로도 참 행복한 순간이다. 청아가 세상의 다양한 냄새를 맡으며 지내면 좋겠다. 무엇보다 나와의 관계가 더 단단해졌을 때 조금씩 세상 밖으로 나갈 수 있겠지.

　한 달이 지났을까. 청아를 본 이후 처음으로 꼬리가 올라갔다. '청아의 꼬리도 이렇게 올라갈 수 있구나.' 싶었고 나를 반기다 못해 플레이 바우 자세까지 취했다. 이것은 몸을 엎드려 마치 절을 하는 듯한 포즈인데, 기분 좋을 때나 같이 놀고 싶을 때 흔히 취하곤 한다. 청아는 이제 노즈워크 시간을 기다리는 듯 보였고 특히 장난감 인형을 좋아했다. 8살이지만 청아가 보여 주는 모습들은 1~2살령의 아가 같았다. 그 시기 때 이 모든 걸 누리지 못해서 이러는 것일 테니 이제라도 충분히 누릴 수 있게 도와주자고 다시금 생각했다. 나는 틈나는 대로 담요를 들고 청아가 있는 층에 올라갔는데 담요를 펼치고 누우면 어느 사이엔가 짧은 다리로 오도도 달려와서는 수줍게 옆자리를 차지하고 옴뇸거리며 아가 놀이를 한다. 우리 사이가 이렇게나 가까워졌구나. 만질까 말까 고민하다 용기 내어 살짝 만졌는데 역시나 화들짝 놀랐지만 저 멀리 도망가지 않고 금세 다시 냄새를 맡으러 다가왔다. 청아는 이렇게 약 두 달 동안 여느 아이들과 같은 모습으로, 더디지만 조금씩 바뀌고 있었다. 특히 핏어팻 쉼터의 다른 친구 강아지들과 우다다 하며 노는 걸 얼마나 좋아했는지 모른다. 애린원에서 태어나 평생 그곳이 세상의 전부였던 청아가 트라우마에서 벗어나 활발히 뛰어노는 매 순간이 기특하고 고마웠다.

청아가 처음 내게 왔을 때 몸무게는 9.7킬로그램이었다. 체구에 비해 살집이 꽤 있는 편이었는데 이는 평생을 보호소에서 지낸 아이들에게 공통적으로 나타나는 증상이다. 저가 사료를 먹고 좁은 공간에서 지내야 하기에 최소한의 활동량을 확보하지 못하여 대부분의 아이들은 살이 많이 쪄 있고 다리 관절에도 무리가 가게 된다. 앞다리 장애가 있는 청아에게는 특히나 안 좋을 수밖에 없는 상황이었다. 핏어팻홈에 온 후부터는 양질의 사료와 영양제를 먹이고 음수량을 적절하게 조절하니 자연스레 살이 빠졌다. 활동량도 점점 많아지면서 다이어트를 한 결과는 6.5킬로그램. 대성공이었다. 다리 건강을 위해서도 현재 몸무게를 유지할 수 있도록 관리하고 있다. 청아의 앞다리를 진찰한 병원에서는 지금 손대기엔 너무 큰 수술이 될 테니 보조제를 먹이는 정도에서 그치는 것이 나을 것 같다고 했지만 나는 가능성이 낮더라도 청아가 걷는 쪽에 운명의 주사위를 던져 보고 싶은 마음이었다. 앞다리가 바깥쪽으로 휘어져 힘들게 걷는 청아를 볼 때마다 더 아프게 와 닿았다. 무엇보다 청아가 이전보다 많이 움직이기 시작하니 무리하면 더 아파하고 다리를 절뚝이는 빈도가 늘어났다. 이 다리로 개 지옥에서 8년을 어찌 버텼을지 속상했다.

나는 아이들의 외과 수술을 믿고 맡기는 예은동물병원에 청아의 다리를 치료하기 위해 상담했고, 원장님은 수술 가능 여부를 파악하기 위해서는 먼저 CT를 찍어 여러 정황을 고려한 후 판단해야겠지만 육안상으로는 바로 수술이 필요해 보인다고 하셨다.

핏어팻 쉼터에서의 청아

다만 뼈를 잘라 각도를 맞춰 다시 이어 붙이는 큰 수술이고, 절골 수술이다 보니 수술 후 회복까지 오래 걸릴 수 있다는 소견이었다. 부디 수술이 가능한 상태이기만을 바랐다. CT 검사를 위한 마취 전 검사에서도 큰 이상이 없었고 CT 검사도 무리 없이 진행할 수 있었다. 결과상 다행히 청아는 수술이 가능한 상태였고 다리 기형 관련 한쪽 다리 절골 수술 일정을 잡자고 하셨다.

8살, 노견이라고 할 수 있는 나이에 어려운 수술을 받아야 할 청아가 당연히 걱정스러웠다. 청아는 지금 관절염도 심해서 수술해도 파행증이 생길 수 있겠지만 그래도 수술을 하는 것이 더 나을 것 같다고 했다. 완벽하게 펴진 청아의 다리를 기대하는 것보다는 그저 지금보다 덜 아프기 위해 그나마 더 나은 예후를 선택할 수밖에 없었다. 미리 의뢰해 둔 3D 수술 계획 및 가이드 설계를 설명해 주는 영상을 받았는데 10분짜리 영상을 몇 번이고 봤는지 모른다. 이전에 구조한 아이들 수술 때에도 몇 번 받아 본 영상인데, 청아의 것이 가장 길었다. 나이와 각변형 상태를 고려하여 청아의 수술이 가장 고난도가 될 거라는 전망이었다. 뼈를 잘라 다시 이어 붙이는 과정에서 동반되는 고통이 얼마나 클지, 회복하는 과정도 걱정이 태산이지만 지금까지 늘 기적을 보여 줬듯 이번에도 꼭 그럴 거라 믿었다. 청아의 수술 기구 제작 의뢰도 마쳤고 모든 준비가 끝났다. 지금까지 잘해 왔으니 청아가 무사히 잘 버텨 주었으면 좋겠다. 우리가 끝까지 함께할 테니.

청아는 좌측 뼈 기형 절골 수술을 씩씩하게 잘 마쳤다. 마취도 안정적이었다고 한다. 다리를 열어 보니 뼈 기형이 예상했던 것보다 더 심각하여 지지를 위한 플레이트를 하나 더 추가해 총 세 개를 가지고 수술을 했다고 한다. 그래서 더 예민하고 큰 수술이었을 텐데 다행히 수술은 잘되었고 이제는 재활과 회복이라는 큰 숙제만 남았다. 청아는 다행스럽게도 수술 후 염증 수치도 금방 안정화되었고 밥도 바로 먹기 시작해 적잖이 놀랐다. 청아를 향한 온기 가득한 마음으로 함께해 주시는 봉사자님들 덕분에 청아의 면회 시간은 매일 사랑으로 꽉꽉 채워졌다. 사업장 일로 가 보지 못한 나는 청아의 모습을 사진과 영상으로 전해 받으며 눈물만 흘리다가 직접 보러 갔는데, 씩씩한 모습에 적잖이 안심이 되었다. 입원하는 동안 충분히 재활도 받고 눈에 띄게 회복되어 청아는 금방 퇴원했다. 집이라고 생각하는 핏어팻홈으로 온 것이 청아도 좋았는지 마당을 활개 치며 다녔고 긴장했던 모든 게 풀린 듯 며칠을 푹 잤다.

정상적인 다리 형태는 아니어도 이전과 달리 아주 많이 펴진 좌측 다리를 보는 것도 좋았지만, 이보다 더 감격스러웠던 것은 손길을 받아들이는 청아의 자세였다. 수술을 기점으로 더 크게 마음을 연 것 같았다. 병원 선생님들과 매일 면회 가 준 봉사자들을 통해 여러 사람을 겪어 그런지 청아가 조금 더 사람들에 대한 경계심을 낮추고 용기 또한 내고 있다고 느껴졌다. 손으로 준 간식도 더 편히 받아먹었고 안으려 들면 도망치는 듯하다가 멈춰 섰다. 여러모로 수술이 청아에게 크게 도움 된 것 같았다. 재활과 회복을 위한 두 달의 시간은 금방 지나갔고 청아는 점점 더 세상에 마음을 열고 있었다. 산책에도 거부감을 보이지 않더니 어느 순간부터는 산책 나가는 걸 아주 좋아하는 강아지가 되었다. 밥을 먹지 않아 속 썩이던 시기는 기억도 나지 않을 만큼 이제는 무엇을 주든 그 자리에서 맛있게 다 먹었다. 실외 배변을 선호하지만 실내 배변 시에도 패드에 변을 보는 성공률이 점차 높아졌다. 잠결에는 손길도 받아 준다. 몸도 건강해지면서 마음도 분명 건강해지고 있음이 보였다.

절골 수술을 한 청아의 좌측 다리 경과가 좋다는 원장님의 소견도 받으니 마음이 놓였지만 이는 곧 나머지 다리 수술 일정이 다가왔다는 뜻이다. 우측 다리 수술을 위한 기구 제작 의뢰 요청을 하니 눈앞에 큰 산이 또 하나 턱 하고 놓인 기분이었다. 막막하고 두렵고 힘들었지만, 이 큰 수술을 해야 하는 청아만큼 힘들까. 그 어떤 감정도 청아만큼은 아닐 테니, 나의 하찮은 감정은 넣어두고 청아 옆에서 더 장난치고 하하호호 웃으며 놀아 주었다. 그렇게 수술 당일까지 같이 시간을 보내다가 아무것도 아닌 듯 씩씩하게 수술실로 들여보냈다. 지난 수술과 비교하면 절골 부위가 하나 줄어 다행이었지만 여전히 고위험도의 수술임은 분명했기에 걱정스럽고 불안했다. 그럼에도 나는 늘 아이들의 주변을 감도는 따뜻한 에너지를 믿고 갈 수밖에 없다. 그 에너지 덕분인지 수술은 무사히 끝났다. 이제 남은 것은 잘 회복하는 일이다. 수술 이틀 뒤에 보러간 청아는 역시나 씩씩하게 병원 생활을 하고 있었다. 병원 선생님들께서 아이들을 얼마나 살뜰히 챙겨 주시는지를 아니까, 늘 그렇듯 걱정은 없었다. 실외 배변을 선호해서 입원장 안에서는 배변을 하지 못하는 청아를 위해 선생님들은 산책까지 나가 주시곤 했다. 자연스레 산책 훈련도 하며 배변까지 해결할 수 있었다. 실력과 아이들에게 한결같은 마음 두 가지를 동시에 믿고 갈 수 있는 병원이 있다는 게 참 감사했다.

이렇게 큰 수술을 하면 내과적으로 수치가 불안정해져 밥도 제대로 못 먹는 아이들이 참 많은데 청아는 챙겨 간 간식도 밥도 아주 잘 먹어서 놀랍고 대견했다. 분명히 아프고 힘들 텐데 말이다. 청아가 애린원에서 태어나 생존하기 위해 버텨 온 그 긴 시간에 비하면 이건 덜 힘들고 덜 아픈 걸까 하는 생각이 불현듯 들었다. 그 생각 때문에 마음이 무너져 내렸지만 청아의 삶은 이제부터 시작일 테니 앞으로 더 많은 것들을 누리고 살면 좋겠다고 청아뿐 아니라 내 자신도 위로했다.

청아의 임시 보호를 시작한 지 7개월 만에 청아는 치과 수술과 양측 앞다리 교정술을 진행했다. 몸이 편안해진 덕분인지 자연스레 마음도 안온해졌고 사람에 대한 두려움도 사라지는 것이 보였다. 3층을 청아 혼자 단독으로 사용하던 2개월은 내가 청아를 컨트롤하기 위한 최소한의 시간이었다. 그 시간 동안 나는 청아에게 다가갔고 청아는 나를 신뢰하며 점점 사람과의 관계에 익숙해졌다. 1층에서 다른 구조견들과 자연스레 합사하면서부터는 다른 강아지들을 통해 더 빠르게 사회화를 배우고 집 생활에도 적응할 수 있었던 것 같다. 청아가 내게 마음 열기까지 딱 두 달이면 충분했고, 사람 손을 타도록 하고 사회화 교육을 시키는 것 역시 단순히 시간문제였다. 자신 있게 말할 수 있다. 이제 우리 청아, 가족 만나서 떠나도 되겠네.

트라우마를 극복한다는 건 쉬운 일이 절대 아니다. 아이들의 마음이 아픈 이유는 단순하다. 하루아침에 세상의 전부를 잃었기 때문이다. 자신들이 살아온 환경이 동물의 본능까지도 상실하게 만들 만큼 열악했는데, 그리고 그 시간이 얼마나 길었는데 어찌 온전할 수 있었을까. 물론 충격과 상처와 두려움의 크기가 너무도 컸기에 어느 순간 문제 행동이 나올 수도 있겠지만 시간을 주면 반드시 해결이 된다. 홀로 세상의 끝자락에 내몰려 두려움에 떠는 아이들의 입장에서 생각하며 기다려 주는 것이야말로 아이들에게 믿음을 줄 수 있는 가장 좋은 방법이다. 그 시간은 곧 사랑과 간절한 마음일 테니까. 그 마음이 닿으면 아이들은 모두 바뀔 수 있다.

⋮

"청아야, 꽃은 늘 봄에만 피지 않으니 조급해하지 말자.

각자의 봄은 시간의 제한에 쫓기지 않으니까.

우리의 봄을 다음으로 미룬다고 해서 속상해하지 말자.

우리만의 속도에 맞춰 꽃을 피우는 거니까.

봄이 아니면 어때. 우리의 계절에 살자.

그러다 보면 청아의 속도에 맞춰 줄 평생 가족이 봄을 안고 와 주실 거야."

5 · 노견 입양도 당연한 세상이 되어야 한다

안락사 '명단'에도 오르지 못하는 아이들

노견, 환견, 장애견…. 유기 동물 세상에서도 조금은 더 힘겨운 싸움을 해야 하는 아이들이 있다. 이런 아이들과의 인연이 언제부터였는지 기억을 더듬어 본다. 2016년, 한 보호소를 전담하여 구조 활동을 하는 단체 운영진으로 활동하던 시절, 매달 올라오는 40여 마리의 안락사 명단 아이들의 홍보용 프로필 작업을 하기 위해 보호소를 방문했다. 한 아이마다 보호소 케이지 안에서의 모습과 산책하는 모습을 사진과 영상으로 담았다. 각 아이들의 외관으로 보이는 건강 체크와 성향 파악도 했다. 안락사 명단에 오르는 아이들이 안타까웠고 모두 살아서 나가자는 간절한 기도와 함께 매달 하루를 온전히 아이들에게 내어 주었다. 다행히 안락사 명단에 들었던 아이들은 전원 구조가 되어 국내나 해외로 입양되었고, 다음 달에 올라온 안락사 명단 속 아이들 또한 전원 구조가 되는 걸 보고 문득 '안락사 명단에 올라야 오히려 살아서 나갈 수 있구나.' 하는 생각이 들었다.

나는 다른 운영진과는 달리 직접 현장을 겪었기 때문에 보호소 수백여 마리 아이들 하나하나를 기억했다. 특히 늙고 아픈 아이들에게 더 눈이 갔다. 삶에 어떤 희망도 의지도 없이 벽만 바라보고 죽은 듯 누워 있는 아이들. 운영진에게 이런 아이도 다음 안락사 명단에 들어가 널리 알려지고 홍보가 된다면 입양 갈 수 있는 기회가 있지 않겠느냐고 물었더니 돌아온 대답은 "그래도 얘넨 못 가요. 그렇게 명단에 올랐다가 안락사를 당하느니 그냥 거기 있는 게 낫죠."라는 소극적인 말뿐이었다. 무언가로 머리를 쾅 하고 얻어맞은 듯 했다. 단체 운영 여건상 치료비가 많이 들어갈 게 뻔한 아픈 노견을 구조한다는 것은 현실적으로 당연히 무리인 것도 알 수 있었다. 안타깝고 속상한 마음은 현장 봉사자들의 몫이었다.

나는 안락사 명단에도 채 오르지 못하는 아이들을 돕고 싶은 마음이 점점 강해졌다. 현장 봉사를 함께 다니던 몇몇이 모여, 보호소에 들어온 것도 모자라 또다시 외면당하는 아이들을 구조하자는 이야기를 나누었다. 너 나 할 거 없이 모두가 함께하기로 했고 그렇게 나의 노견, 환견, 장애견 구조는 시작되었다.

10살의 노견, 아랑이

추운 겨울이 아직 끝나지 않았던 2월의 어느 날, 말로 설명할 수 없는 처참한 몰골을 한 작은 아이가 보호소에 들어왔다. 노끈에 묶여 박스에 버려진 채 보호소에 들어온 '아랑이'는 추정 나이가 10살 이상이었다. 그 추운 날 털이 빡빡 밀린 채, 앙상한 뼈가 고스란히 드러난 채, 오염된 노끈에 묶인 채 박스에 버려졌다. 나는 감히 아랑이가 겪어야 했을 과거의 상처는 물론이고 현재의 아픔과 좌절감도 가늠할 수 없었다. 하지만 내 짐작과 달리 아랑이는 진심으로 밝고 씩씩하고 따뜻한 아이였다. 단체를 통해 입양 공고가 올라갔지만 역시나 노견이라는 이유로 모두에게 외면을 받았다. 아랑이가 입소한 겨울이 지나 봄이 되었고, 아랑이는 숨 막히는 더위가 기승을 부리는 여름을 버텨 내고 있었다. 그렇게 여름과 가을이 지나고 아랑이가 입소했던 때와 같은 혹독한 겨울이 또다시 시작되었지만 아랑이는 여전히 보호소에 남겨진 채였다. 보호소 봉사를 갈 때마다 아랑이가 살아 있는지부터 확인했다. 몇 번의 케이지 이동이 있었는지 기억도 나지 않는다. 짧았던 털은 어느새 길게 자라 입소 당시의 모습은 찾아볼 수 없을 정도로 아랑이가 지내 온 긴 시간을 고스란히 보여 주고 있었다.

보호소 현장에서 늘 눈물로 봉사하는 봉사자들은 하루하루가 지옥이었을 것이다. 보호소에서 하루가 다르게 엉망이 되어 갔지만 그럼에도 씩씩하게 잘 버텨 주는 아랑이가 기특함과 동시에 마음 저리게 아팠다. 그리고 한 봉사자님의 말에 아랑이를 구조하기로 결정했다.

"입소 때보다 지금 보호소의 아랑이를 보면 더 건강해 보이고 행복해 보여요. 참 슬프죠. 보호소에서의 삶이 과거 삶보다 더 살 만하다는 건요."

안락사든 자연사든 노견 아랑이의 끝이 너무나 외롭고 쓸쓸한 죽음뿐이라는 것이 보였기에 구조를 결심한 순간 시체 없이 이송시켰고 협력 병원에 무사히 도착했다. 아랑이는 추정 나이가 10살 이상이었지만 건강했고 무사히 스케일링과 중성화도 마쳤다. 면회 갔을 때도 얼마나 씩씩하게 짖으며 반겨 주던지 걱정이 싹 사라졌다. 그리고 얼마 지나지 않아 기적처럼 아랑이는 마음으로 알아봐 준 좋은 가족에게 입양이 확정되었다. 입양자님의 개인 사정으로 당장 아랑이를 데리고 갈 수가 없는 상황이라 단기 임보가 필요했는데, 현장 봉사자님의 임보 덕분에 건강하고 따뜻하게 돌봄을 받다 따스한 봄, 아랑이만의 꽃을 피워 줄 가족 품에 안겼다.

현장 봉사, 이동 봉사, 임시 보호로 애써 주는 봉사자들이 있었기에 노견 구조는 계속 이어질 수 있었고 아이들은 매번 기적과 마주했다. 이 모든 과정을 통해, 더 힘든 길을 가야 하는 아이들을 구조하려 할 때 했던 고민과 망설임이 부끄러워졌다. 그리고 나와 같은 고민을 하는 이들이 있다면 주저 말고 용기 내어 달라고 말해 주고 싶다. 그 작은 용기에서 기적은 만들어질 수 있고, 삶을 포기한 채 시들어 가던 한 생명이 살아날 수 있다고.

시간이 지날수록 유기 동물 입양에서조차 작고 어리고 건강한 예쁜 품종견을 원하는 불편한 현실이 계속되었다. 이런 아이들은 입양 문의가 쇄도하는 것은 물론이고 임보처 구하는 글에서마저 반응이 뜨겁다. 너 나 할 것 없이 아이를 데려오고 싶어 쉴 새 없이 전화벨이 울린다. 물론 자신이 입양할 반려동물이 조금 더 어리면 함께할 시간이 그만큼 길어질 거라 생각하기에 더 오래 함께 하고 싶은 그들의 마음도 이해는 한다. 구조만 해도 그렇다. 보호소에서 어린 나이에 죽는 아이들도 불쌍하고, 나이가 들어 버려진 채 외면받다 죽는 아이들도 불쌍한데, 두 아이가 구조를 기다리고 있는 상황에서 한 아이만 구조할 수밖에 없을 경우 어린아이를 구하는 것이 맞을까, 노견을 구하는 것이 맞을까 늘 고민에 빠진다. 그 어떤 것이 소중하고 의미가 있다고 생각하지는 않는다. 다만, 앞으로 살아갈 날이 적은 노견을 구조하고 입양하는 것이 어쩌면 조금은 더 힘든 선택일 수 있겠다고는 생각한다. 그래서 나는 세상의 모든 노견 임보자, 입양자에게 진심으로 존경의 마음을 보낸다.

가족의 보살핌이 더욱 필요한 시기에 버려지는 노견 아이들. 몸도 마음도 닳고 닳아 버려지는 이 아이들이 입은 마음의 상처를 누가 헤아릴 수 있을까 싶다. 요즘은 6살부터 많은 나이로 여겨져 입양 순위에서 계속 밀려난다. 이 아이들이 힘들게 지내 온 지난 시간이 이제는 새로운 삶을 찾는 데에도 걸림돌이 되어 버릴 수 있다는 것이 참 속상하다. 나이도 많고 아픈 아이들이니 당연히 구조와 입양에서 후순위로 밀리는 현실. 나는 그 때문에 이런 아이들을 우선으로 데리고 나온다. 병든 노견 아이들을 보호소에서 주사로 떠나가게 할 수는 없으니까 말이다. 단 하루를 살더라도 엄마가 있는 아이로, 우리가 지어 준 이름으로, 사랑을 입고 누군가는 너를 귀하게 여겼다는 기억을 안고 떠나길 바라는 마음으로 그런 마음을 지닌 단 한 명의 가족이 세상 어딘가에 있을 거라는 믿음 하나로 노견 구조를 한다.

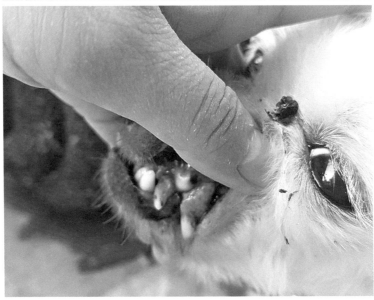

처음 보호소에 왔을 당시의 아랑이.
털은 빡빡 밀린 채 앙상한 뼈가 고스란히 드러나 있었고, 특히 치아 상태가 좋지 못했다.

아랑이의 현재

구조를 통해 매 순간 겪는 체력과 감정을 소비하는 과정에서 늘 '이번이 정말 마지막이야.'라고 다짐한다. 하지만 누가 이런 말을 하더라. "두푸딩아, 그럼 너 아니면 이런 아이들은 누가 살려?"라고. 이 말이 이기적인 단견으로 가득했던 내게 큰 죄책감을 안겨 주었고 결국 나는 스스로 이 어둡고 외로운 세상에 또다시 들어간다. 내가 아니면 아이들은 흐릿한 희망 하나도 얻지 못한 채 죽어야 하니까. 구조 후 아이들의 모습을 보면 할 말을 잃을 만큼 처참하다. 과거가 얼마나 고통스럽고 힘들었을까. 이 가여운 아이들이 꼭 살아서 단 하루라도 우리 품에서 여느 아이들과 다름없는 삶을 살아 보는 기회를 얻었으면 좋겠다.

아픈 노견 구조에 있어 자연스레 따라오는 단어는 죽음이다. 슬픔과 무력감과 좌절감. 동물과 환경에 관한 이야기들을 접하다 보면 이 세 가지 감정을 필연적으로 느끼게 된다. 인간 때문에 고통스럽게 죽어 가는 동물들을 보면 감정 이입이 되어 슬픔이 느껴지고, 그런 사실을 마주하면서도 아직도 세상을 바꾸지 못한 나 자신에 대한 무력감에 짓눌리고, 언제까지 이 문제들이 해결되지 못한 채 계속될까 회의감과 함께 좌절감이 엄습한다. 그래서 동물을 좋아하고 동물권에 자연스레 관심이 깊어졌지만, 사실 나는 언제부터인가 동물들이 나오는 다큐멘터리조차 보지 못한다. 그건 그들의 약육강식 세계가 보여 주는 슬픔 때문이다. 자연의 순리 속에는 자식 잃은 모성애도 있고, 부상으로 힘겨워하는 고통도 있고, 가족과 이별해야 하는 슬픔도 있는데, 그것이 순리라고 해서 슬프지 않은 것은 아니기 때문이다. 빨대가 코에 꽂혀 있는 거북이를 보면 역시 슬픔과 무력감과 좌절감이 들어서 환경 관련 다큐멘터리도 보기 힘들다. 동물이 나오는 영화도 싫어한다. 그 동물이 제대로 된 대우를 받으면서 자신의 꿈을 찾아 연기했을 리는 없지 않은가. 그냥 동물 학대의 장처럼 느껴진다. 감독이 원하는 장면을 찍기 위해 얼마나 많은 동물을 힘들게 했을까? 이런 안타까운 마음 때문에 차마 직면하지 못했다. 하지만 슬픔을 느끼고, 기꺼이 고통과 아픔으로 마주하고, 다시 삶이 얼마나 아름다운지 느끼면서 절망을 넘어 보려고 한다는 누군가의 말을 떠올린다. 유기 동물 세상에서, 특히나 노견과 환견, 장애견의 삶에서 함께하는 나는 더 많은 슬픔과 괴로움을 느낄 수밖에 없다. 그럼에도 불구하고 그것과 직면하여 아이들의 이야기를 담아내면서 모든 이들에게도 이 현실의 슬픔을 마주하도록, 사람들의 행태를 바꾸도록 끊임없이 외치고 있다. 좌절을 희망으로 바꾸고 싶어 하는 우리의 몸짓이, 많은 이들에게 닿아 동물들에게 희망이 깃들길 바라면서.

번식장에 버려진 크림이

배변을 가리지 못한다는 이유로 번식장에 버려진 '크림이'를 떠올린다. 크림이는 번식장 구조 때 남겨진 노견 아이들 중 가장 나이가 많았다. 크림이는 중성화까지 된 채 2살 어린 나이에, 주인이 직접 번식장에 버리고 갔다고 한다. 그렇게 10년 넘는 시간을 뜬장에서 허망한 세월을 보내야만 했다. 한참 뛰어놀고 사랑받아야 할 어린 나이에 번식장 뜬장에 버려져 겨우 우리의 손을 잡고 나오게 된 크림이는 12살 이상의 나이였다. 우리의 최근 10년을 생각해 보면 얼마나 많은 일이 있었던가. 내 또래라면 대학을 졸업하고, 취직해 직장 생활을 하고, 결혼을 하고, 아이까지 낳아도 모자라지 않은 세월이다. 크림이는 사람이 느끼기에도 그 긴 세월을 갇혀서 무의미하게 살고, 미용 실습견으로 학대를 받으며 살았다. 나는 노견들을 구조할 때 다행이다 하며 안심을 하게 되는데, 그 이유는 이제라도 우리 품에 안겼으니 앞으로는 이전보다 더 따뜻하고 행복한 삶을 살 수 있을 거라는 생각이 위로가 되어 주기 때문이다. 하지만 크림이 때는 그 아이가 외롭고 쓸쓸하게 보낸 지난 10년의 시간이 너무 안타까워서 그 시간에서 쉽게 벗어나질 못했다. 크림이가 번식장으로 간 것도, 실습견이 된 것도, 노견이 된 것도 어느 하나 크림이의 잘못이 없다는 사실에 사람으로서 죄스러운 순간의 연속이었다.

크림이는 기적처럼 사랑 가득한 임보처에서 더할 나위 없이 따뜻한 매일을 보냈다. 배변은 잘 못 가렸지만 어느 누구도 크림이를 탓하지 않았고 십여 년 만에 처음 하는 산책도 매일 즐겼다. 주말에는 온가족이 함께 자연과 가장 가까운 곳으로 캠핑을 다녔다. 나는 크림이가 임보처에서 지내는 모습을 보고 가장 힘든 순간에도 힘을 낼 수 있었다. 노견 아이들이 주는 묵직한 위로였다. 크림이는 말은 못 하지만 눈빛만으로도 많은 표현을 담아냈다. 온몸으로 사랑을 말하는 크림이의 건강한 모습도, 아가였을 때의 모습도 본 적은 없지만 온전히 느낄 수 있었다. 죄송스럽게도 매번 홍보와 입양에서 뒤로 밀리는 크림이를 보고도 임보자님께서는 '미안

위 번식장에 있던 크림이
아래 임보처에서의 크림이

해 마세요. 이쁜 동생들 먼저 좋은 가족 만나게 해 주세요. 두푸딩 누나 오늘도 행복하세요.' 이게 크림이가 전하고 싶은 마음일 거라는 말에 나는 또다시 무너지곤 했다.

그렇게 반년의 시간이 흘러, 크림이의 방광에 종양이 가득 차 있다는 소식을 전해 듣고 하늘이 무너지는 기분이었다. 노견이고 앞으로 얼마나 더 살 수 있을지 알 수 없지만 수술을 해 주는 것이 당연하다고 생각했고, 2차 병원에서 크림이의 수술을 진행했다. 요관과 종양의 유착이 심해 분리하는 과정만 3시간이 넘는 대수술이었다. 큰 종양들 제거에는 성공했고 조직 검사를 보내 놓은 상태였지만 세침 검사만으로도 악성 종양임을 알 수 있을 정도였다. 또다시 온 세상이 무너졌지만 일단은 힘들게 수술을 버텨 낸 크림이가 기특했다. 앞으로의 항암 치료도 걱정 말자고 마음을 다잡고 있었는데 노견의 몸으로는 많이 힘들었는지 결국 세상을 등지고 말았다. 혈전으로 인한 급성 쇼크사였다. 불과 몇 시간 전까지만 해도 밥도 잘 먹고 수치가 안정되어 가며 회복 중이었는데…. 종양 외에는 내과적으로 너무나 건강했던 크림이었기에 모두가 믿을 수 없던 죽음이었다. 멀리 계신 임보자를 위해 면회를 가 준 봉사자님 덕분에 영상 통화로 크림이를 볼 수 있었는데, 이게 마지막이 될 줄은 몰랐다.

안타까운 소식에 크림이 임보 가족과 여러 봉사자님이 한걸음에 달려와 주셨고 크림이의 마지막을 함께했다. 남겨진 이들의 마음을 생각해 주듯 마지막까지 크림이는 곱고 예뻤다. 더 아프기 전에, 가족들 고생시키지 않고 떠나는 착한 마음이었구나. 자기로 인해 누군가 슬프고 힘들어하는 모습을 보지 않고 조금 더 빨리, 덤덤히 죽음으로 간 거라 생각하며 하염없이 눈물을 흘렸다. 누구의 탓도 잘못도 아닌 일이고, 우리가 했던 선택과 그로 인한 결과에도 후회가 없어야 하지만 아이들의 죽음을 마주할 때면 이 모든 일이 나 때문인 것 같아 마음이 아프다. 지키지 못해 좌절했다. 조금 더 오래 가족 곁에 있게 해 주지 못해 죄스러웠다.

장례식장에 들어가자마자 크림이 임보자님의 따님인 윤슬이를 가장 먼저 안아 줬다. 그때 당시 고작해야 열한 살 된 이 작은 아이가 겪고 있을 생명의 무게가 너무나 미안했다. 하염없이 울며 윤슬이에게 미안하다고 했지만 윤슬이는 되려 나를 꼭 안아 주며 그 예쁜 입으로 미안해하지 않아도 된다고 말했다. 크림이 건강하게 해 주려 했다는 거 다 안다면서. 장례식장에서 울면 크림이도 이모들도 속상해할 거라면서 큰 눈망울로 울음을 꾹 참던 윤슬이의 모습이 여전히 아프다. 참고 참다 집으로 돌아가는 길에 크림이의 유골함을 손에 꽉 쥐고 울었다는 말에 또다시 무너졌다. 지금도 윤슬이를 생각하면 마음이 아려 온다. 크림이의 마지막 가족이 되어 준 윤슬이와 임보 가족에게 하염없이 죄송하고 감사했다. 노견들은 임보처마저도 순조롭게 구할 수 없는 좌절스러운 현실에서 귀한 손을 내밀어 준 윤슬이네 가족이다. 나는 노견 임보를 임시 보호가 아닌 임종까지의 보호라는 것을 염두에 두고 진행하기 때문에 그 가족이 느꼈을 책임의 무게는 더했을 것이다. 그래서 임보자님이 어떤 마음으로 용기를 내어 주고 사랑으로 돌봐 주었는지를 아니까 크림이와의 마지막이 더 안타까웠다.

윤슬이와 크림이. 둘은 더할 나위 없는 친구였다.

구조 봉사를 할수록 느끼는 것은, 낮에는 열어 놓더라도 밤에는 문을 닫아야 하는 것처럼 시작된 삶은 끝나야만 완성이 된다는 것이다. 죽음도 삶의 일부라는 것을 인정하고 받아들여야 예상치 못한 죽음으로 충격에 휩싸이지 않으니까 말이다. 물론 어느 죽음이든 이를 받아들이기는 참 어렵다. 구조 또한 죽음을 예상하고 하는 일이기 때문에 난 그렇게 받아들이며 가는데 크림이의 죽음은 전혀 예상하지 못했다. 그래서 하염없이 무너져 아무것도 못했다. 무력하고 한심했다. 나는 나대로 회복을 하겠지만 늘 주변이 걱정된다. 병원 선생님들, 크림이 임보자님, 여러 사람들이 마음 아파할 것이 가장 걱정스럽다. 내가 구조하는 아이들의 세상에는 따뜻하고 희망적인 이야기들만 가득했으면 하는데 노견 구조의 현실은 그렇지 않아 슬프다. 누구의 탓도 아니지만 그럼에도 어떻게든 내 탓으로 귀결시켜 '이곳을 떠나야지.' 하는 나약한 생각에 휩싸이는 나도 슬프다. 그래도, 사랑은 불행을 막지는 못하지만 회복의 자리에서 우리를 기다린다. 우리 아이들을 사랑하고 서로를 사랑하기로, 그렇게 모두 함께 위로했다.

윤슬이네 가족은 크림이의 죽음 후로도 노견 푸들 봄이, 노견 치와와 초롱이를 사랑으로 임보하면서 세상에서 가장 멋진 가족을 찾기까지 든든한 다리가 되어 주셨다. 그리고 또다시 믹스견 행복이에게 손을 내밀어 주셨다. 입양을 빨리 갈 수 있는 어리고 예쁜 아이들이 아닌, 임보처를 구하는 데에 있어 어려움이 있는, 우리의 임보가 아니면 보호소에서 나올 수 없는 아이들을 보호해 주었다. 그렇게 크림이, 봄이, 초롱이, 행복이가 살아서 나왔다. 행복이 입양 문제로 대면 미팅을 할 당시, 입양 희망자님이 윤슬이에게 물었다. 행복이가 떠나면 아쉽고 속상해서 어떡하느냐는 말에 윤슬이는 "괜찮아요. 또 다른 아이가 살아 나올 거거든요."라고 대답했다. 크림이로부터 시작된 마음이 수많은 생명을 살리고 있다. 나 또한 살리지 못한 아이들의 몫만큼 더 많이 살려 더 진한 행복을 찾아 주겠다는 다짐을 했다.

펫숍과 번식장, 개 농장, 무지한 사람들에게 분노하고 좌절하고 슬픔을 느끼는 단계는 이미 오래전에 지났다. "살아 달라." 무너지고 울며 절규하는 단계 또한 이미 지났다. 내가 아픈 노견들의 손을 잡는 이유는 꼭 살아 달라는 의미만은 아닌, 혹 마지막이 온다 하더라도 덜 고통스럽길, 우리의 눈빛과 따뜻한 목소리만 기억하며 편히 떠나 주길 바라는 마음뿐이다. 보내 주는 것에 대한 어려운 마음을 알기 때문에. 마지막을 지켜 주는 것에 대한 가치를 알기 때문에.

반려동물 유기나 학대 등이 일어나는 근본적인 원인은 단견에 있다. 단순히 앞만 바라보고 인간들의 문제에만 신경 쓰는 태도와 바쁜 현대 사회, 갈수록 심해지는 개인화 속에서 이타성은 줄어들고 공존의식과 생명체에 대한 사랑은 사라지고 있다. 동물 보호와 동물 유기 등 여러 문제에 우리가 공감하고 인식하고 있다고 하지만 과연 그런 문제들에 대해 얼마나 용기 있게 또 실제적으로 행동하고 있는지 돌아봐야 하지 않을까. 그렇다고 어렵게 생각할 필요는 없다. 동물을 사랑하겠다는 가장 작은 마음부터 시작해 보는 건 어떨까 한다.

나의 결 고운 노견 천사들이 단지 어리고 건강한 아이가 아니라는 이유로 입양 기회가 박탈되지 않으면 좋겠다. 노견 아이들에게도 권리가 있다. 단 몇 년이라도, 단 몇 달이라도 가족의 곁에서 함께할 수 있다면 아이들에게는 더없이 큰 행복이 될 테니까. 나이를 먼저 계산하기보다 지금의 시간을 함께해 주길 바란다. 아이들에게 주어진 시간이 여느 아이들보다 짧더라도 생의 끝자락에서 겨우 버텨 내는 보호소에서의 기억이 아닌 가족의 기억을 안고 떠날 수 있다면 좋겠다.

　　노견 구조도, 노견 입양도 당연한 세상이 오길. 나의 노견 천사들에게 더 많은 기회가 주어지길. 그리하여 노견과 함께하는 이 길이 더할 나위 없이 가치롭다는 것을 많은 분들이 알아 주길 바란다.

●
●
●

"단지 마음만 아파해선 노견들의 세상이 바뀌진 않으니까."

-두푸딩 언니께-

두푸딩언니 저희크링이 구조해주셔서 감사합니다.
다른 아이들도 구조해주셔서 감사합니다.
저희 크링이 좋아해 주시고, 여태까지 잘
돌봐 주셔서 감사합니다. 이거 제가 외할아버지
가 주신돈이에요. 저희크링이 하늘나라가는데
도움이 되고 싶어서 드립니다. 정말 저희크링이
구조해주셔서 정말 감사드립니다.

　　　　　- 윤슬올림 -

크링아 사랑해. 크링아 너는 정말 착한아이였어.
저기서 행복해야해. 우리옆에 있어줘서고마웠어.
안녕.
♡　　　　　　　　우린 버딕에늘웃을수가잇어어.
　　　　　　　　　　　　　　　　　　ㅆㅆ.

6 · 우리의 보금자리 두푸딩하우스와 핏어팻홈

두푸딩하우스의 시작

어릴 적의 나는, 그나마 잘하는 것에 매진해 진로를 정하고 그 길로 가는 것이 사람들의 일반적인 삶이라고 생각했다. 나는 영어와 문학을 좋아해 자연스레 영문학도의 길을 걸었고 미국에 있는 학교에 지원하여 공부를 이어 가고자 했던 포부 가득한 학생이었다. 작품 분석을 하고 공부를 할 때 그 세계로 몰입되는 나만의 시간이 짜릿하고 좋았다. 대부분의 학자들은 다른 사람의 글을 읽을 때 행복하고 자신의 글을 쓰는 것은 힘들다고 하던데, 나는 내 글을 쓰는 순간마저 너무나 행복했다. 심지어 논문처럼 딱딱한 글을 쓸 때도 마찬가지였다. 가르치는 일을 계속하고 싶었고 최종 꿈은 영문학 전임 교수였던 시절. 그때를 생각하면 아직도 심장이 두근거린다.

지금의 나는 꿈이라 여겼던 모든 것을 접고 다른 일을 한다. 수많은 선택과 결정 앞에서 누구나 망설이고 걱정이 앞서는 건 분명하다. 하지만 어차피 정답은 없을 것이고 나에게 어울리는 답을 찾았고 현재도 찾고 있을 뿐인 거다. 나는 스무 살 때부터 학업과 병행하며 입시 영어 강사로 쉼 없이 일했다. 밤낮으로 책을 읽고 논문을 쓰고 영어 가르치는 것 외엔 중요한 것을 모르고 살았다. 내가 좋아하는 일이 잘하는 것이라 이것만으로도 만족스럽고 행복의 중심이 된 시절이었다. 두부, 푸딩이 그리고 현장 봉사를 다니며 임시 보호를 하다 입양한 보담이와 함께하면서 조금씩 알게 된 것 같다. 하고 싶은 일과 해야 하는 일들. 그리고 지금이 아니면 할 수 없는 일들.

가장 좋아하는 일을 하다 지치면 두 번째로 좋아하는 일을 하다 오라고, 언제든 다시 오라고 했던 누군가의 말이 큰 위로가 되어 다시 용기를 낼 수 있었다. 작품 분석을 하고 글을 쓰고 강단에 서는 게 내가 가장 좋아하는 일이라고 생각했던 과거의 나는 조금씩 지쳐 갔다. 꽤 긴 시간 동안 약해진 몸에 쉽게 바이러스가 침투하듯 약해진 마음엔 허무와 무기력이 순식간에 밀려들었다. 번아웃은 전에도 종종 맞닥뜨리곤 했지만 이번엔 여러 일들이 겹쳐 정말 쉬어야겠다는 생각을 했다. 입시 강사로서 제자들과 함께 호흡을 맞춰 가며 강단에 서던 그 순간이 내 삶의 원동력이었으나 변화의 기점에 섰다고 생각했다. 또한 박사 학위까지 마무리하여 대학 강단에 서는 꿈의 목표를 놓는다는 것은 정말 큰 결심이 필요했지만 오늘의 나뿐만 아니라 내일의 나를 위해서라도 쉬어 가는 시간이 필요하다는 결론을 내렸다. 빛과 어둠, 슬픔과 기쁨, 봉사와 삶, 모든 것의 균형을 맞춰야만 했다. 대학원을 마무리하면서 입시 강사로서 일을 하고 사업을 구체화시키며 두부, 푸딩이와의 반려 생활에 더하여 봉사 활동까지, 어느 순간부터 봉사가 본업보다 주가 되기 시작했고 유기 동물 세상에 너무 깊이 스며들었다. 마음은 아팠지만 나를 위해서도 조금은 천천히 가야 할 필요가 있었다. 그렇다고 당연히 떠나는 것은 아니었다. 끝을 내지 않기 위해 더디 걷는 것이다. 바람이 차가워질 때 즈음이 되면, 내 마음도 평정을 되찾을 수 있길 바라면서 강원도 홍천의 한적한 마을에 미리 매입해 둔 땅에 세컨드 하우스를 짓기로 계획했다. 나와 아이들만의 온전한 공간을 그리면서 말이다.

반려 생활을 하면 대부분 자연스레 넓은 마당이 있는 집을 꿈꾼다. 나 또한 그랬다. 자연과 함께할 때 가장 아름다운 두부와 푸딩이 덕분에 자연과 가장 가까운 곳에 터전을 마련한 후 아이들과 함께하는 이 귀한 순간과 아이들의 존재가 더 잘 느껴졌다. 자연 속에서 아이들과 함께하는 시간들이 행복하고 소중했다. 시공사와 계약을 하고 나는 또 다른 나의 청춘을 바칠 준비를 마쳤다. '거실 한쪽엔 벽난로를 넣어야지. 마당이 한눈에 보이는 창을 내야지. 잔디밭엔 동그랗게 이어지는 벽돌길을 만들어야지. 꼭 하얀 울타리로 해야지.' 등등 머릿속에서만 그리던 집을 하나둘 구체화시키는 게 참 재밌고 설레었다. 공간은 어느 하나 내 손길이 닿지 않은 곳이 없었다. 설계도 내가 직접 했고 200평이 넘는 마당의 잔디와 벽돌도 내가 깔았다. 야외 퍼걸러와 울타리도 마찬가지였다. 반려 생활을 하면서 두부, 푸딩이, 보담이 그리고 임시 보호를 하는 아이들에게 천국 같은 곳이 되길 바라는 마음으로, 무엇보다 스무 살부터 쉼 없이 달려온 내 삶에 쉼표가 되어 주길 바라는 마음으로 지었다.

해가 넘어갈 무렵, 이곳은 눈부시게 아름다웠다. 솔솔 부는 바람에 전해지는 아카시아꽃 향기에 절로 미소가 지어지며 몸도 마음도 따스하게 시원해진다. 서울에서는 들을 수 없는 새들의 선율과 바로 앞 시원하게 흐르는 계곡물 소리, 바람에 흔들리는 숲의 나무들 소리까지…. 나의 하루를 아름답게 꼭꼭 채워 담았다. 눈을 뜨면 옆의 밭에 가서 일용할 양식을 따 온다. 아욱, 깻잎, 쑥갓, 상추가 아침 메뉴가 되고 후식으론 빨그레한 산딸기를 따 먹었다. 도심에선 꿈꾸지 못했던 것들을 이곳에서 많이 경험하게 되었다.

20대 중반부터 10년 가까이 유기견 봉사, 구조를 하면서 느낀 건 결국 생명을 구하겠다는 그 마음도 돈과 이어진다는 것이다. 돈이 없으면 아이들에게 바로 달려갈 수도 없고, 구조를 할 수도 없고, 치료를 할 수도 없다. 마음 아픈 이야기지만 여기에는 자본 논리가 따른다. 그래서 나는 아이들에게 조금이라도 경제적으로 도움이 될 방법을 고민하다 이 공간을 렌트 하우스로 운영하기로 했다. 봉사의 확장으로 '유기 동물을 돕는' 두푸딩하우스를 시작한 것이다.

가족은 물론 친구들까지 모두 렌트 하우스 운영을 반대했다. 무리하지 말고 편한 길을 선택하라고 했다. 가장 힘을 주어야 할 이들 모두가 입을 모아, "넌 분명 망할 거니까 애초에 시작도 하지 마라."라고 신신당부를 하니 나의 사기는 저하될 수밖에 없었다. 모두가 무모하다고 했던 두푸딩하우스의 시작이었지만 나는 모험가였던 내 모습이 참 예쁘고 자랑스러웠고 또 내 방향성이 옳다고 믿고 앞으로 나아갔다. 어쩌면 나는 그 무모함에서 비롯된 모험

두푸딩하우스의 낮과 밤

의 길에서 내 자신을 찾길 바랐던 것 같다. 안 하고 나중에 후회하는 것이 싫었으니까. 설렘보다 두려움이 앞설 때도 있었는데 막상해 보니 아무 생각도 나지 않고 시간 가는 줄 몰랐다. 차분하고 소박한 나만의 공간을 만들고 공유할 수 있게 되다니 마치 꿈만 같았다. 도전하지 않으면 '그게 과연 가능할까?' 이런 걱정부터 하게 된다. 하지만 나는 도전했고 성취했다. 그 때문에 나는 걱정이나 두려움에서 벗어나 살 수 있게 되었다. 그러니 혹 어떤 일을 하기에 앞서 고민을 하는 사람이 주변에 있다면 꼭 얘기해 주길 바란다.

"그냥 하자. 결과로 증명하면 돼."

동물이 행복한 공간

적극적인 홍보도 하지 않았고 딱히 SNS 등에 노출이 된 것도 아닌데, 다행히 게스트는 알음알음 꾸준히 오고 있다. 이 외진 곳까지 일부러 찾아오는 사람들이 있다는 것이, 그리고 그 사람들을 내가 맞이한다는 것이 여전히 신기할 따름이다. 정말 멋지고 예쁜 숙소가 점점 많아지고 있지만 소소한 이곳에 오는 분들께 내가 줄 수 있는 건 다정한 공간과 반짝이는 별과 장작이 타닥타닥 타들어 가는 모습을 즐길 수 있는 시간뿐이다. 삶의 쉼표가 될 순간을 주는 것, 바쁘더라도 마음은 잘 지내고 있는지 안부를 묻는 일이다. 나는 이 공간에 결이 비슷한 사람들이 찾아 주길 바랐고, 실제로도 그랬다.

얼마 전, 홀로 오신 게스트와 이야기를 나누는데 기억이 참 짙게 남았다.

"두푸딩하우스에 오기 전에는, '숲을 보러 가야지. 우리 강아지랑 가서 힐링해야지. 머리도 비우고 책도 읽고 뭐라도 대단한 것을 얻는 시간을 보내야지.' 이런 목적을 생각했거든요. 하지만 이틀이라는 시간을 보내면서 아무런 계획도 없이 강아지랑 그냥 보냈어요. 그냥 있었습니다. 그냥 쉬었고 미디어 디톡스도 하지 않았고, 여전히 사회 속에 있을 때와 같은 생활을 했습니다. 그냥 나는 나였어요. 책을 읽으면서도 특별한 목적을 두지 않았어요. 그냥 재미있었습니다. 하루아침에 많은 것이 달라지지 않은 그냥 저였어요. 그거면 됐습니다."

나는 두푸딩하우스가 나의 결 고운 천사들에게도 소중한 공간이길 바라듯 우리 사람들에게도 잔잔한 힐링이 되는 공간이었으면 한다. 심란하고 복잡한 마음을 가득 안고 오는 분들이 종종 있다. 해답을 줄 순 없지만 잠시 별 보며 잊을 수 있도록 공간과 시간을 줄 수는 있다. 그것이 두푸딩하우스와 함께 있는 꽃과 나무와 잔디와 푸른 하늘과 별의 힘이다.

비가 매섭게 내리는 날이었는데도 기어이, 힘겹게 이곳에 오셨던 분도 떠오른다. 아이들이 신나게 뛰어놀 수 없어서 아쉬웠지만 두푸딩하우스에서만 느낄 수 있는 시간 속에서 충분히 즐겁게 보냈다는 말이 인상 깊었다. 그 마음들을 헤아리며 난 오늘도 이곳의 문을 활짝 열어 놓는다. 연박으로 머무는 게스트에게는 두푸딩하우스 급식소를 찾는 길고양이들의 밥을 챙겨 주시길 부탁드리기도 하는데, 하루는 숙박 중인 게스트로부터 종이 박스와 스티로폼 박스 등으로 급식소 시설을 보완해 주셨다는 연락을 받았다. 밥 한 끼를 먹더라도 덜 춥기를 바라는 마음, 하루라도 배곯지 않고 든든히 먹길 바라는 마음, 눈치 보지 않고 편히 쉬었다 가길 바라는 마음이 동한다는 것은 나와 길 위의 생명들에게도 진정 행복임에 분명했다. 동물 애호가인 우리 가족들마저, '두푸딩하우스에 오는 분들은 어쩜 이리 모두가 천사 같을까.' 인정하게 된다. 작은 배려에도 살 수 있는 길 위의 생명들에게도 마음을 나눠 주는 게스트분들 덕분에 이곳의 고양이들은 하루도 빠짐없이 배를 채울 수 있다.

한번은 개 농장을 발견했다. 아이들과 산책을 갔다가 우연찮게 보게 된 곳인데 산자락 아래 깊숙이 외진 곳에 있었지만 멀리서 봐도 비닐하우스 안에 뜬장이 가득했다. 며칠을 고민했다. 직접 가서 현장 사진을 몰래 찍어 신고를 하려 했지만 혹시나 그곳에 아이들이 있다면 과연 내가 발걸음을 돌려 나올 수 있을까. 그러던 와중 두푸딩하우스에 자주 와 주시는 게스트께서 혹 주변에 개 농장으로 의심되는 곳이 있냐고 물어봐 주셨다. 본인이 개 농장 철폐를 목적으로 하는 대형 동물 단체의 단원이라고. 그 말을 듣고 안심의 숨을 내쉬었다. 그곳까지 직접 가 보시더니 역시나 개 농장이 맞다고 하셨다. 다행히 수십 개의 뜬장 안엔 아이들이 한 마리도 없었지만 뜬장까지 없애야 안심할 수 있다고 바로 철거를 하기 위한 작업을 진행한다 하셨다. 정말 감사했고 그곳을 거쳐 간 안타까운 생명들에게 미안했다. 그리고 적어도 앞으로는 그곳에서 희생될 생명은 없겠구나 싶은 안도가 밀려왔다. 두푸딩하우스와 인연이 닿은 분의 힘으로 아이들의 세상에 희망이 추가된 것이다. 그냥 지나치지 말아야지. 용기 있게 소리를 내어야지. 그리고 나는 이 공간의 힘을 믿어야지.

집을 짓고 온전히 나만 지낼 때보다 사람들과 공간을 나누고 나서야 애정이 생긴 것 같았다. 멋들어지고 화려한 공간은 아니지만, 많은 사람들이 있는 그대로, 그 자체만으로 따스하고 아름답다 해 주셔서 얼마나 감사한지 모른다. 나의 결 고운 천사들을 열심히 도우며 삶을 나누고, 내가 가는 길의 가치를 알리는 공간이 될 수 있도록 더 많이 고민하는 시간을 가졌다. 그리고 종종 내 에너지가 비축되는 시점에, 또 여기에 시기가 잘 맞으면 '공간의 힘' 프로젝트를 하기 시작했다. 이것은 두푸딩하우스 운영자로서 세웠던 여러 목표 중 하나이기도 하다. 4~5명의 여성들이 이 공간에 모여 우리만의 분위기와 감성으로 이야기를 나누고 맛있는 음식을 먹으며 함께 추억을 공유했다. 호스트와 게스트의 개념이 아닌, 같은 생각을 갖고 결이 맞는 사람 대 사람으로서의 만남이었다. 음식은 서투르지만 내가 직접 비건식으로 준비했다. 단 하루만이라도 동물들을 생각해 육식을 피해 보자는 취지였다. 또한 제로 웨이스트를 지향했다. 나는 이곳을 생태적인 공간으로 만들고자 하는 목표를 세웠기 때문에 프로젝트 때 발생된 쓰레기는 우리 모두 나눠서 되가져갔다. 당연히 일회용품도 사용하지 않았다. 쉼과 위로를 주제로 했을 땐 반려동물의 유골함과 함께 예전 사진을 넣은 액자를 들고 참여한 사람도 있었고, 젠더 문제 등을 주제로 삼았을 때는 성소수자가 참여해 심도 있는 대화를 나눴고, 비거니즘 관련 이야기가 주제였을 때는 고기가 아닌 재료들로도 얼마든지 맛있고 영양 가득한 식사를 준비할 수 있다는 것을 증명했고, 식목일을 기념하여 자연에서 받는 위로를 주제로 했을 땐 잡초를 뽑고 꽃을 심었다. 매 프로젝트마다 우리가 모이는 이유는 각양각색이었지만 분명한 것은 이 공간에서의 경험은 동물과 환경뿐 아니라, 함께하는 사람들에게 또 그들이 속해 있는 영역의 세계에 영향을 줄 수 있을 거라 믿었다.

그뿐만 아니라 평소 두푸딩하우스를 찾아보면서 '아, 이곳의 호스트는 유기 동물을 직접 구조하여 돕는구나.' 이렇게 느끼며, 두푸딩하우스에 닿은 소중한 구조견들을 보며 유기 동물에 대해 생각하는 시간을 짧게나마 가져 봤다면 내 의도는 아주 성공적이라 생각한다. 내가 생각하는 집은 그 사람의 삶, 그 자체이니까. 두푸딩하우스를 보면서, 실제로 머무르면서, 공간의 힘 프로젝트에서의 추억을 간직하면서 한 번쯤은 우리의 아픈 유기 동물 천사들을 생각해 주길 바랐다. 애초부터 상업적인 공간으로만 유지했더라면 돈을 더 많이 벌 수 있었겠지만 나는 늘 주류보다는 비주류의 편에 서 왔다. 모두가 행복한 사회를 꿈꾸지만 세상에는 고통받는 약자들이 너무나 많다. 약자들 중에서도 가장 아래에서 가장 고통받고 가장 약자인 동물들이 행복해질 수 있는 사회라면 지금보다 세상은 나아질 수 있지 않을까? 동물이 고통받지 않는 세상. 모든 약자가 행복한 세상을 위해 나는 두푸딩하우스를 운영하며 내 결 고운 천사들을 도우며 개인의 변화와 나아가 사회의 변화를 이끌 때까지 오래도록 깊이 함께하고 싶다.

힘든 순간은 매번 찾아오지만, 두푸딩하우스가 존재하고 또 내가 손 내밀어 구조한 아이들의 세상이 바뀔 수 있었다는 걸 생각하면 마음 깊은 곳에서부터 따뜻한 기운이 올라온다. 아무도 주목하지 않는다 해도 나의 가치를 조용히 비축하고 싶었고, 누군가 알아주지 않는다 해도 내 스스로 가치롭고 즐거워할 일을 지속하면 나도 모르는 새에 엄청난 내공이 축적돼 밝은 빛을 직접 스스로 발하게 될 것을 안다. 나는 내 방향대로 걸으면 된다. 그럼 자연스레 빛은 따라올 것이다. 운영한 지 8년이 되어 가는 이제야 나의 가치를 여유 있고 단단하게 이 공간에 투영시킬 수 있게 된 것 같다. 매년 더 많은 것을 계획하고 고민한다. 더하여 꾸준히 나의 결 고운 천사들을 도울 것이다. 나와 이 공간에 영향을 받은 사람들이 있다면, 그것만으로도 너무나 충분하다. 넘어지지 않고 천천히 올라가야지. 느리고 더디더라도 속도는 저마다 다르니까.

실제로 이곳은 나의 결 고운 천사들에게, 보호자들에게 쉼이 되기도 하고, 식탁이 되기도 하고, 파티장이 되기도 한다. 또 늦은 밤 모든 술집이 닫았을 때 여는 선술집이기도 하고, 오늘 밤 갈 곳 없는 친구에게 열쇠를 툭 던져 줄 수 있는 아지트 같은 곳이기도 하다.

또 다른 시작 핏어팻홈

노견, 환견, 장애견. 유기 동물 세상에서도 조금은 더 힘겨운 싸움을 해야 하는 아이들이다. 이 아이들은 입양뿐만 아니라 임시 보호처를 구하는 데에 있어서도 매 순간 큰 산을 마주한다. 가정 임보처조차 구해지지 않아 구조를 못 했던 적도 부지기수다. 내가 구조 활동을 시작한 지 10년이 지난 지금도 여전히 작고 예쁘고 어리고 건강한 아이들을 찾는 현실은 늘 벽으로 다가오고, 간신히 보호소에 들어왔어도 입양될 기회조차 얻지 못한 채 또다시 외면당하는 아이들을 보면서 이 아이들을 구해야 한다는 마음이 진자운동을 일으키는 것을 느끼게 되었다. 당장 이 아이들을 살리고 싶었고, 노견, 환견, 장애견에게 실질적인 도움을 주기 위해 세상을 향해 이 아이들의 이야기를 하기로 결심했다. 보호소와 길 위에서 허무하게 꺼져 가는 마지막 숨을 단 하루라도 붙들어 보겠다는 마음으로 말이다. 살아 있어야, 입양도 갈 테니까.

　늙고 아픈, 그리고 장애가 있는 아이들을 돌본다는 것은 절대로 쉬운 일이 아니다. 아픈 노견 아이들 임보 때 아이들이 결국 무지개다리를 건너면, 나는 죽어 간 아이들에 대한 슬픔뿐만 아니라 남겨진 이들의 상처 또한 크다는 것을 알게 되었다. 이를 치유하는 것도 내가 해야 할 일의 하나라고 생각했다. 나로 인해 닿은 아이들과의 이별에 임보자님들이 슬퍼하고 힘들어하는 것을 옆에서 지켜보는 게 죄스럽고 미안했다. 차라리 이 모든 걸 내가 감당하는 게 낫지 싶었다. 아이들을 곁에서 직접 돌보고 떠나보내는 일까지 모두 내가 할 테니, 그저 사람들은 나의 구조견들을 눈에 담고 가슴 깊이 응원만 해 주면 좋겠다는 생각을 했던 것 같다. 그렇게 해서 경기도 양평에 마련한 것이 '핏어팻 쉼터'이다.

　'Pit-a-pat'은 '두근두근'이라는 의미로, '핏어팻홈'이라는 명칭에는 아이들의 심장이 뛰는 마지막 순간까지 함께하겠다는 다짐과 또 그것이 우리의 가슴에 울림을 주는 일이라는 마음이 담겨 있다. 가정 임보처가 구해지지 않는 아이들을 위한 공간이지만 노견 아이들의 호스피스 케어도 가능하게 만들었다. 이곳에서는 노견과 환견, 장애견 아이들이 여느 아이들과 다름없이 돌봄을 받고 또 사랑을 주고받는다. 나는 동시에 두푸딩하우스에서 했던 재미난 행사들을 확장시켜 진행해 보려 계획 중이다. 유기 동물 중에서도 나이가 들고 아프고 몸이 불편한 아이들의 현실은 더 어둡고 힘들 수밖에 없다. 이미 슬픈 세상에서, 적어도 우리는 서로가 서로에게 위로와 힘이 되어 줄 수 있지 않을까. 그리하여 조금은 더 행복하게, 이왕이면 즐겁게 매 순간을 보낼 수 있다면 얼마나 좋을까. 슬프더라도 행복하게. 뻔뻔하고 FunFun하게 이 활동을 이어 나가고자 한다.

"사지 말고 입양하세요."라는 말이 사라지는 세상이 오길 바란다. 사지 않고 입양하는 것이 당연한 세상이 되어야 한다. 더하여 노견, 환견, 장애견의 구조와 입양도 당연한 세상이 오길 간절히 바란다. 더 힘겨운 싸움을 하는 내 결 고운 천사들이 편견 없는 따뜻한 세상을 핏어팻홈과 두푸딩하우스에서 마주할 수 있으면 좋겠다.

⋮

"그런 소중한 곳이기에 내일 삶이 끝난다 해도 문을 열 것이다."

PART · 2

동물 구조,
그 기쁨과 슬픔

1 · 동물 구조의 일반적인 과정

차밍

내가 하는 구조는 포인핸드에 올라온 보호소의 유기 동물 공고를 보면서 시작된다. 포인핸드는 동물의 발paw과 사람의 손hand이 서로 맞잡는다는 뜻으로, 유기 동물에게 손을 내밀어 따뜻한 가족을 이루자는 취지로 만들어진 회사다. 이 회사는 '사지 않고 입양하는 문화'를 지향하면서 매년 1만 마리 이상의 유기 동물에게 가족을 찾아 주는 일을 한다.

유기 동물의 수는 얼마나 될까? 정확한 통계 자료는 없지만, 동물 보호 단체 등에서는 1년에 수만 마리, 하루 평균 약 200마리 이상이 발생하는 것으로 보고 있다. 그 수많은 아이들 중 더 위급하고 도움이 필요한 아이부터 구조를 시작한다.

2022년 6월 동해시 보호소에 들어온 '차밍이'는 믹스견이라고 공고가 올라간 탓인지 적당한 입양처를 찾기 힘들었다. 공고 직후 바로 구조를 하려 했지만 당시 나는 계획에 없던 경남의 번식장 아이들 구조에 투입이 되어 여유가 없었다. 번식장 아이들 구조하고 두 달 남짓의 시간이 지난 후 나는 문득 차밍이가 떠올라 혹시나 하는 마음에 포인핸드에 들어갔는데, 안타깝게도 차밍이는 여전히 보호소에 남겨져 있었다. 공고 기한이 끝난 후 바로 안락사 되지 않고 기적처럼 살아 있던 것은 아마도 보호소 측에서 이 녀석이 입양 갈 가능성이 높다 판단했기 때문이었을 거다. 속상하고 미안한 마음에 바로 구조 계획을 세웠다.

나는 1년에 100여 마리의 아이들을 개인적으로 구조하는데, 나 또한 생업이 있는 봉사자이기 때문에 모든 아이들 구조에 내가 직접 움직일 수는 없다. 구조하기로 결정하면 이동 봉사자를 구하는 글을 SNS에 올리는데, 봉사자는 보호소에서 아이들을 직접 데리고 나와 서울 협력 병원으로 이동을 돕는 역할을 한다. 서울이나 경기권 지역에서 이동이 필요한 경우에는 봉사자를 비교적 쉽게 구할 수 있는 편이지만 차밍이의 경우처럼 수도권이 아니라 먼 동해시까지 찾아가야 하는 경우에는 도와줄 사람을 찾기 어렵다.

하지만 간절한 마음이 모이면 어떻게든 아이들에게 기적으로 닿게 되더라. 직접 보호소로 데리러 가서 차밍이를 이동해 줄 봉사자님이 나왔는데, 자차도 아니라 KTX를 이용한다고 해서 더 죄송하고 감사했다. 구조하고 보니 차밍이는 멀끔하게 미용한 채 보호소로 들어갔을 때와 달리 몰골이 아주 엉망이었다. 보호소에서의 두 달 남짓한 시간이 아이에게 어땠는지 알 수 있었다. 60일 만에 털이 엉키고 뭉치고 오물이 묻어 악취가 심했던 걸 보면 보호소의 관리 문제가 크다. 내가 아는 보호소 대부분은 뜬장에서 아이들이 생활하는데, 견사 청소를 할 때도 개체수가 많다 보니 아이들을 하나하나 꺼내지 않고 똔장 안에 아이들이 들어있는 채로 물을 끼얹으며 청소를 한다. 그러다 보니 아이들이 흥건히 젖고 만다. 그렇게 털이 젖은 채로 더러운 견사 안에서 생활을 하다 보면 털이 단시간에 더 엉망이 된다. 감기에도 쉽게 걸린다. 이 때문에 전염병에 취약할 수밖에 없는 환경이다. 차밍이가 있던 보호소도 이런 식으로 관리하고 있었을 가능성이 높아 보였다.

동해에서 서울까지 KTX로 차밍이를 이동해 준 봉사자와 서울역에서 인계받아 성북동에 있는 협력 병원까지 이동해 준 봉사자 두 분의 정성으로 차밍이는 무사히 보호소를 빠져나올 수 있었다. 그렇게 병원에 도착하면 나와 아이들이 가야 할 길이 본격적으로 시작된다. 기본적인 신체검사와 혈액검사뿐 아니라 전염병, 사상충, 엑스레이, 초음파검사를 하면서 결과에 따라 세부 검사를 진행한다. 검사 결과 쿠싱이라는 호르몬 질환이 발견되었는데, 해당 수치가 정상 범위 밖으로 많이 벗어나 있었다. 쿠싱일 경우 평생 호르몬약을 먹어야 하기 때문에 입양 가는 데에 어려움이 있다는 걱정에 앞서 내과 질환이 있는 차밍이가 보호소에서 아무런 조치도 받지 못한 채 흘려보낸 두 달이라는 시간이 내 탓인 것만 같아서, 쿠싱 수치가 높고 이후 쉽게 잡히지 못했던 것이 모두 내 잘못인 것 같아서 미안함으로 가득했다.

병원에서 입원 생활을 하며 목욕과 미용을 하고 충분히 안정기에 접어든 뒤에 차밍이는 중성화와 스케일링, 발치, 방광 결석 제거 수술과 더불어 내장 칩을 이식했다. 협력 병원에서 할 수 있는 치료와 처치가 모두 끝나면 미리 구해 둔 가정 임보처로 가게 된

보호소에서 막 구조할 당시의 차밍이

다. 차밍이 또한 추정 나이 7~8살이라는 적지 않은 나이에 아침저녁으로 시간 맞춰 호르몬약을 먹어야 하는 난치성 질환을 갖고 있던 아이였기 때문에 임보처조차 구하는 것이 쉽지 않았다. 다행스럽게도 1년 전 부천 보호소에서 구조한 퐁이라는 아이의 입양자님께서 차밍이를 돌봐 주는 한편, 직접 운영하는 강아지 유치원에도 데리고 가 다양한 경험을 하게 해 주었다.

차밍이는 공고상으로는 믹스견이었지만 포메의 피가 좀 더 강하게 흐르는, 짧고 오동통한 다리에 오밀조밀한 얼굴을 해서 무척 귀여운 강아지였다. 사진에는 다 담을 수 없을 만큼 외모도 귀여웠지만 성격은 더 예뻤다. 배변도 잘 가리고 밥도 잘 먹고 얼굴에서부터 나 순하다고 적혀 있는 듯했다. 임보처에서 여느 아이들과 다름없이 사랑을 받으며 지내는 모습을 보여 주면서 적극적으로 입양 홍보를 시작했지만, 차밍이는 4개월이 지나도록 제대로 된 입양 문의는 없었다. 작고 어리고 건강한 품종견은 문의가 쇄도하지만, 아프고 나이 든 아이들에게는 깜깜무소식인 안타까운 현실. 차밍이는 특히나 쿠싱에 나이도 적지 않았고 다리도 약해 언젠가 외과 수술이 필요했기 때문에 입양의 벽이 더 높았을 거다.

차밍이에 대한 질문은 모두 같은 이야기로 시작된다. "한 달에 약값이 얼마나 드나요?" 이 질문에 "보조제까지 포함하여 대략 15만 원에서 20만 원 정도 예상하면 됩니다."라고 답하면 그 후로는 더 이상 연락이 없었다. 약값 15만 원 때문에 쿠싱이라는 질환을 가진 차밍이와 같은 아이들은 돈이 더 든다는 편견의 벽에 갇히게 된다. 여기서 생각해 보아야 할 문제는, 반려동물을 키워야겠다고 마음을 먹었다면 사료비뿐 아니라 영양제 구입비나 병원비 등 많은 돈이 든다는 사실을 명확하게 인식해야 하고 또한 이를 지불할 의지가 있어야 한다. 이런 돈이 아깝고 부담이 된다면 수없이 발생할 부수적인 비용은 또 어떻게 감당할 것인지 고민해 봐야 한다. 사람 아이에게 들어갈 돈 100만 원은 당연한데 강아지에게 들어갈 10만 원은 아깝다는 생각을 가졌다면 반려동물 입양을 고려해서는 절대 안 된다. 나는 차밍이의 적지 않은 나이와 쿠싱이라는 질병 때문에 언제든 죽음에 가까워질 수 있다는 안타까운 처지가, 차밍이를 살려야 할 절박한 이유이자 차밍이가 더 행복해져야만 하는 이유가 되어 내 마음에 깊이 닿았는데, 누군가에게는 아이들을 버리고 외면하는 이유가 되어 참 속상했다.

차밍이는 임보처에서 4개월을 지내고 조금 더 적극적인 홍보를 하기 위해 내게 왔다. 처음에는 새로 온 친구와 잘 지내던 두부와 푸딩이도 조금씩 예민해졌고 또 그즈음 아프기도 했기 때문에 임보는 절대 하지 말자 다짐했지만, 차밍이는 처음 만났을 때부터 왠지 미안한 마음이 컸기에, 입양 문의조차 없는 상황을 가만히 두고 지켜볼 수가 없었다. 차밍이를 직접 겪은 사람들만이 아는 이 녀석의 애잔함과 사랑스러움, 천진함은 이루 말할 수 없다. 아프기 때문에, 누군가에게는 손이 많이 가고 돈이 많이 들고 얼마 살지 못할 아이라 여겨질 수 있겠지만, 그럼에도 불구하고 나의 결 고운 천사를 알아봐 줄 한 사람의 가족은 분명 있을 거라는 믿음은 여전하다. 그 믿음 하나로 아이들의 안온한 마지막을 위해 누구보다 더 단단히 마음을 다잡는다.

차밍이

나는 매일 차밍이에 대한 글을 올리고 틈나는 대로 인스타 라이브를 켜 차밍이의 일거수일투족을 공유했다. 조금씩 차밍이를 예뻐해 주는 분들이 더 많이 생겼고 응원해 주는 따스한 마음들이 더 선명하게 보이기 시작했다. 차밍이와 산책을 하며 켰던 라이브에서 마침 나와 멀지 않은 곳에 계신 한 봉사자님께서 차밍이의 산책을 전담해 주시기로 했다. 이전에 구조한 사지마비 아이의 입양 문제로 이야기를 나누던 분이었기에 나 역시 그분을 기억하고 있었다.

처음 차밍이를 실물로 영접한 봉사자님의 표정을 잊지 못한다. 세상에 어쩜 이렇게 사랑스러운 생명체가 있냐는 듯한 애정 어린 놀라움이 그대로 드러났다. 스케줄이 되는 대로 차밍이는 봉사자님과 행복한 산책 시간을 보냈고 어느 날, 산책에서 돌아온 차밍이를 안고 그분은 조심스레 입양에 대해 물어보셨다. 쿠싱약을 먹는 건 본인 영양제 챙겨 먹듯 같이 주면 되는 거고 아이에게 들어갈 비용과 노력은 충분히 예상하고 있다면서 말이다. 역시 차밍이뿐만 아니라 모든 아이들은 직접 봐야 그 진가를 알 수 있다.

차밍이의 산책 봉사로부터 시작된 소중한 인연이 결국 차밍이의 마지막 가족으로 이어졌다. 보통 입양 신청이 들어오면 신중히 서류 심사와 유선 상담을 진행하고 그 후 대면 상담까지 이어진다. 절차가 까다로울 수밖에 없는 이유는 당연하고, 그 이유를 누구보다 잘 아는 입양자님들이었기에 최선의 협조를 해 주신다. 나는 얼마나 복에 겨운 구조자인지! 차밍이 입양자님 역시 나의 깐깐하고 숨 막히는 심사에 모두 흔쾌히 응해 주셨고 깊은 책임감으로 차밍이를 위한 준비를 최선을 다해 해 주셨다. 난치성 호르몬 질환 치료에 가장 저명한 병원 원장님께 진료도 다녀 주신다고 했다. 그리고 차밍이는 입양처로 간 지 1년이 넘은 지금까지도 온 세상 사랑 듬뿍 받으며 건강히 지내고 있다.

·
·
·

"차밍아, 너와의 시작이 너무 늦어져 미안했어.

그래서 그에 대한 책임과 힘듦이 컸고,

그랬기에 더 최선을 다했던 시간이야.

늦게라도 언니에게 무사히 닿아 줘서 고마워."

2 · '자격'에 관한 아프고 슬픈 물음

모모

동물 학대범이 받은 처분

2022년 8월의 어느 무더운 여름이었다. 밤 9시가 막 넘어갈 무렵, 한 통의 전화가 왔다. 임시 보호를 꾸준히 도와주던 봉사자로부터 한 오피스텔 주차장에 학대를 당해 안구가 돌출되고 온몸에 피멍이 든 2~3개월령으로 보이는 강아지가 있다는 전화였다. 현장에서 급한 대로 병원에 데리고 갔는데, 돌출된 안구 상태는 너무나 좋지 않았고 갈비뼈도 골절되어 있었고 혈뇨를 보는 것으로 보아 장기 내 출혈도 의심되는 상황이었다. 봉사자님은 여러 단체에 구조 요청을 했지만 바로 연락이 온 곳은 없었다고 한다. 그렇게 마지막으로 도움을 요청해 보고자 개인 구조자인 내게 연락을 준 것이다.

이렇게 응급인 상황에서 제보를 받을 때면 나는 마음 아픈 계산을 해야 했다. 치료비와 입양의 무게감이 클 수밖에 없는 개인 구조 봉사자니까. 하지만 구조를 결정하기까지의 시간은 그리 오래 걸리지 않았다. 봉사자님께 전달받은 아이의 사진과 영상을 보니 돕지 않을 수가 없었다.

바로 구조 결정을 했고 '모모'를 급히 2차 병원으로 이동시켜 정밀 검사를 진행했다. 모모에게는 학대로 인한 타박상 흔적이 많았다. 근육 손상으로 인하여 간 수치도 상승되어 있었고 빈혈도 있는 데다가 갈비뼈는 총 여섯 군데가 골절되어 있었다. 패혈증도 왔고 손상된 안구는 실명인 상태. 나머지 눈도 안압이 높아 예후가 좋지 않을 가능성이 높았다. 처참했다. 고작해야 3개월 된 모모가 도대체 무슨 일을 겪었던 것일까.

모모는 오피스텔 주차장에 버려졌다. CCTV 판독 결과 학대범은 모모가 죽은 줄 알고 주차장까지 이어지는 엘리베이터 문이 열리자마자 내던졌다. 모모는 죽기 직전의 상태에서도 엘리베이터 속의 학대범과 멀어지기 위해 주차장 방향으로 필사적으로 기어갔다. 이후 한 청소부에게 발견되어 봉사자에게 연락이 갔고 이후 다시 내가 구조할 수 있게 된 것이다. 나중에 알고 보니 학대범에게는 함께 살고 있는 여자 친구가 있었는데, 아이들 모두 여자 친구가 데려온 것이라 했다. 학대범은 모모 이전에도 추정 나이 3개월령의 포메를 학대했고 결국 그 아이는 사망했다고 한다. 수시로 동물을 학대했고 창문 너머로 들려오는 고작해야 1킬로그램 갓 넘었을 아이에게서 나오는 소리라고는 믿겨지지 않을 만큼 고통스러운 절규와 비명 소리를 이웃 주민이 영상으로 남겨 제보도 했다. 아마 몇 시간만 더 지체되었더라면 모모도 숨을 거뒀을지 모른다. 죽도록 맞고 던져졌을 거다. 인간은 동물을 함부로 대할 수

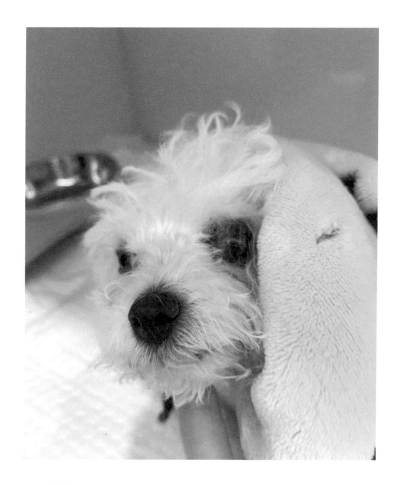

구조 당시의 모모, 안구는 돌출되었고 갈비뼈 여섯 군데가 부러져 있었다.

있다고 생각하는 듯한 그 삐뚤어진 의식의 근거는 도대체 어디에 있는지 궁금하다. 인간 사회에서, 그것이 실제적인 의미이든 비유적인 의미이든 약육강식적인 배타 행위는 부도덕하고 비인간적인 것이라고 우리는 배우고 가르쳐 왔다. 우리보다 약한 사람들을 배려하고 존중하며 도와줘야 한다고 배웠다. 그런데 그 대상이 인간에 한정된다는 논리는 도대체 어디서 어떻게 시작된 걸까. 인간이 존중받아야 한다면, 동물 역시 마찬가지이다. 그들 또한 육체적인 고통과 정신적인 슬픔을 겪는 존재이기 때문이다. 어떤 식으로든 동물을 물건처럼 대하는 태도에 찬성할 수는 없다.

학대범의 잔혹한 행위는 바로 세상에 알려졌다. 모모의 이야기는 큰 이슈가 되었고 피학대견으로 인정을 받아 바로 학대범 손에서 벗어날 수 있었지만 안타깝게도 우리나라의 동물보호법상 학대범에게 내려진 처벌은 몇십만 원 벌금형으로 끝났고 또다시 포메와 모모 같은 아이가 생겼다. 학대범은 육안상 약 4개월령 정도의 프렌치 불도그를 다시 데려왔다. 같은 오피스텔에 거주하는 이웃 주민들이 학대범을 모니터링해 준 덕분에 새로운 강아지의 존재에 대해 알게 되었다. 다들 방안을 모색하고 그 아이의 상태를 지켜보고 있었지만 학대범은 결국 다른 곳으로 이사를 가 버렸고 이런 악행들을 지속적으로 하는지 우리는 전혀 알 수 없게 되었다.

학대당한 강아지는 구조된 후 기적같이 회복해도 세상의 편견에 부딪힌다. "마음의 상처로 어두운 면이 있을 것 같다. 건강상 온전하지 못할 것 같다. 예민할 것 같다." 등등 아이를 재단하고 케어가 힘들 것이라고 멋대로 판단한다. 가족과 사랑이 있다면 여느 반려견과 다르지 않은데도 말이다. 모모는 치료를 받고 안정을 취하며 가족을 찾겠지만, 학대범들은 또다시 화풀이 대상으로 쉽게 살아 있는 장난감을 사 왔다. 모모를 살리기 위해 많은 따뜻함이 모이고 여러 사람들이 고군분투하며 최선을 다하는 가운데 학대범들은 고작 몇십만 원의 벌금형에 그쳤다. 분노할 수밖에 없는 상황이었다.

아이는 학대하는 부모로부터 보호를 받을 권리가 있고, 조금이라도 학대의 조짐이 보이면 주변인들은 신고해야 할 의무가 있다. 하지만 개는 어떤가? 눈앞에서 학대받는 걸 목격해도 방법이 없다. 날이 갈수록 동물 학대는 하루가 멀다 하고 자행되고 있다. 간혹 학대 혐의가 인정되어 큰 처벌이 가해지기도 하지만, 대부분은 모모 사건처럼 벌금 몇십만 원으로 끝이 난다. 심지어 "내 개니까 내가 알아서 할게."라고 뻗대면 구조조차 할 수 없는 현실이다. 그렇게 조사를 받고 돌아간 사람들은 과연 누구에게 화풀이를 할까? 우리나라 법에서 동물은 여전히 사람의 사유 재산, 물건의 지위에 그치고 있다. 번식장과 펫숍을 통해 시작된 무분별한 반려 생활, 처벌 규정이 약한 동물보호법은 이렇게 학대견과 방치견이 생기는 환경을 만들고 번식장과 개 농장을 근절할 수 없게 만든다.

반려동물을 키우는 것은 쉬운 일이 아니다. 사회적인 안전망도 없는 것이나 마찬가지이다. 아무나 쉽게 대충 강아지를 키우다가 버리는 것은 생명에 대한 무례이자 범죄이다. 우리는 이미 폭력에 길들여져 웬만한 폭력에는 둔감해져 있다. 동물 학대와 유기에 대한 처벌이 과하다 느껴질 정도로 엄격하고 강력해야 한다. 또 동물을 판매하는 시장과 농장의 조건을 개선하고 감시하는 역할도 강화해야 동물들이 받는 처우가 달라질 것이다. 동물들은 우리와 함께 공존하는 생명체이며, 그들에게는 생명체로서 감정과 존엄이 있다. 많은 개인들이 관심을 갖고 힘을 모으면, 그리고 여기에 더해 국회에서 동물보호법을 개정하면 멀게만 느껴지는 동물 복지를 실현할 수 있다. 먼 훗날이 아니라 바로 지금, 우리 세대가 풀어야 할 숙제다.

가장 우선은 모모를 지키는 것

모모의 돌출된 안구는 환납하여(제자리에 맞추는 일) 봉합을 했지만 안구 궤양까지 발현되어 긴장을 늦추지 못했다. 최악의 상황으로 안구 적출까지도 예상했다. 부종이 가라앉는 것을 확인하기 위해 중환자실 장기 입원이 필요했고, 더하여 2차적으로 뇌출혈 가능성도 열어 두고 필요시 모든 정밀 검사를 진행할 예정이었다. 구조 당시 밥도 물도 제대로 먹지 못하고 혈뇨를 보고 있던 모모는 다음 날부터 정상뇨를 보았고 회복을 위한 처방식 캔을 먹기 시작하며 빈혈 수치까지 조금씩 안정화되고 있었다. 손상되었던 안구는 안타깝게도 시력이 돌아올 가능성이 낮다곤 했지만 부종이 가라앉으면서 환납이 잘되었다는 소식을 들으며 그나마 안심할 수 있었다. 골절된 갈비뼈도, 모모가 워낙 어리다 보니 금방 붙을 거라 하셨고 컨디션과 식욕 모두 좋았다.

모모를 생각하면 다행이지만 골치 아픈 문제가 생겼다. 처음

제보해 준 봉사자가 연락했던 대형 동물 단체에서 모모를 데리고 가겠다며 압박을 넣은 것이다. 모모가 뉴스에도 나올 만큼 생각보다 많은 관심을 받으며 이슈가 된 것이 발단이었다. 안타깝지만 단체들 중 일부는 이슈를 따라가는 곳이 더러 있다. 이슈가 될 만한 스토리가 없는 아이들은 모금이 안 되니 아무리 구조 요청을 해도 거들떠보지 않는다. 그런데 뉴스에 나오고 사람들의 관심을 끌자 모모를 자신들의 영역으로 끌어들이려고 했다. 그 단체는 SNS에 마치 자신들이 모모를 구조한 것처럼 올리면서 후원 계좌까지 첨부했다. 없는 사실을 지어 내는 그들의 행태에 숨이 막혔다. 우측 안구는 시력이 존재했는데도 양안 실명이라며 잘못된 정보를 할 정도로 파렴치했다. 그들의 사실과 다른 홍보에 모모는 자신도 모르는 새 시각 장애견이 되어 있었다.

그 단체의 운영진은 내게 전화를 해 모모를 넘기라는 식으로 은근슬쩍 압박을 가했다. 하지만 나는 모모를 보내고 싶지 않았다. 부족한 구조 봉사자여도 나는 모모를 위해 최선의 치료를 해주고 있었고 앞으로도 해 줄 것이며 안정적인 가정 임보처에서 모모의 마지막 가족을 찾을 수 있는 힘을 발휘하고자 했다.

모모는 발견 당시, 봉사자님이 구조 요청을 했던 시간, 어떤 단체도 답을 하지 않았던 바로 그 시간에 고통에 몸부림치고 있었다. 병원으로 바로 이동하여 치료를 시작하지 않았더라면 예후가 더 좋지 않았을 수도, 생명에 지장을 주었을 수도 있었다. 모모가 눈이 튀어나온 채 피눈물을 흘리며 구조되었을 때, 직접 모모를 들고 뛰어가 치료를 시작한 것은 우리 봉사자들이었다. 그때는 모른 척하다가 이제 와서 모모를 데리고 간다니 말도 안 되는 상황이었다. 구조 주체는 사실 관계에 맞춰 명확히 하고자 했지만, 그 대형 단체에서 추진한 학대범 가중 처벌 안에는 동의했다. 그래서 그들이 요청했던 모모의 진단서 발급 등에는 충실히 협조했다. 하지만 내가 그들에게 해 주고 싶었던 것은 거기까지였다. 이때부터 그 대형 단체를 옹호하는 수많은 사람은 나를 비난하기 시작했다. 나를 '개팔이'로 몰아가고 개인적인 이슈까지 들먹이며 저 밑으로 끌어내리려 하는 사람들이 나타났다. 물론 그런 행태에는 일말의 동요도 없었다. 하지만 '혹 학대범이 단체의 글을 통해 모모의 거취를 알아낼 수도 있지 않을까.' 하는 걱정이 되기 시작했다.

또 다른 문제가 생겼다. 대형 단체에 모모를 넘기지 않으니 지자체에서 연락이 온 것이다. 모모는 피학대견이므로, 즉 지자체 소유이므로 관할 보호소에서 공고 기간 10일 동안 있어야 한다는 것이다. 안구 궤양까지 나타나 계속 치료가 필요한 데다가, 아직 너무 어려 면역력도 채 생기지 않았을 모모가 보호소에서 지내야 한다니 말이 안 되었다. 나는 매일 지자체의 담당자와 전화로 논쟁을 벌였다. 모모가 보호소에 입소해야 한다면 현재 모모가 병원에서 받는 케어를 최대한 동일하게 해 줄 수 있냐는 질문에 그렇게 할 수는 없다는 답변을 받았다. 그러다 혹 아이가 잘못되어 사망할 경우 책임을 어떻게 질 거냐는 질문에도 담당 공무원은 답을 하지 못했다. 결국 며칠이 지났을까. 지자체에서 보호소 입소 없이 소유권을 넘겨주기로 했다. 다행히 우리는 모모를 지킬 수 있었다.

처음부터 지금까지 나는 모모의 치료와 회복을, 무엇보다 모모의 안전을 가장 우선으로 여겼다. 안구가 돌출된 채 피를 흘리고 갈비뼈 여섯 군데가 부러질 정도로 던져지고 맞고 또 맞았을 모모인데도 사람을 정말 좋아했다. 어두운 모습 없이 마냥 밝기만 해서 미안할 정도였다. 나는 다시는 모모에게 상처가 없길 바라는 마음으로, 아이가 수단이 아닌 그저 우리의 소중한 아이들 중 하나로 귀하게 여겼을 뿐이다. 모모는 믿을 만한 임보처에서 살뜰한 케어를 받으면서 점차 회복했다. 검진을 해 보니 갈비뼈도 잘 붙었다고 한다. 가장 기쁜 소식은 신경이 망가져 실명 판정을 받았던 좌안이 빛 감지를 할 수 있을 정도로 회복되었다는 것이다. 아예 실명은 아닌, 사물을 뿌옇게 볼 수는 있는 정도는 되었다고 한다. 앞으로 크게 문제가 될 가능성도 낮다는 얘기를 들었다. 처음엔 적출만 피하자 했던 마음이었는데, 이 정도도 얼마나 기적 같고 감사했는지 모른다.

사랑과 보살핌 속에서 6개월이 지난 후 모모는 몸도 마음도 안정되며 멋진 강아지로 성장했고 중성화까지 무사히 마친 뒤, 모모의 결에 맞는 평생 가족 품에 안겼다. 학대 사건이라는 큰 이슈로 힘든 시간을 보냈지만 한편으로는 또 그 때문에 관심을 받을 수 있어서 다행이었다. 하지만 대중의 관심이라는 것은 즉흥적이다. 자신들이 원하는 그림이 그려지지 않으면 비난으로 변질되는 순간을 겪으면서도 나는 언제나 모모의 안정과 건강을 최우선으로 여겼다. 학대로 인해 돌출되었던 손상된 안구의 시력은 온전히 돌아오지 않았고 한쪽 눈으로만 세상을 바라볼 수밖에 없었지만, 온전한 다른 한쪽 눈에 감사해하고 이렇게 건강하고 밝게 성장한 모모에게 고마워하는 가족을 만났다. 신중하고 책임감 있는, 다른 무엇보다 편견 없는 가족 말이다.

'그래, 모모야. 이 세상의 따스함과 가족을 바라보기엔 한쪽 눈으로도 충분하지.'

모모가 학대를 받았던 과거와 아픈 사연이 더 이상 꼬리표처럼 달리지 않기를 바란다. 앞으로 모모가 가족 품에서 경험하고 누릴, 좋은 것들만 생각하며 응원해 주길. 그리고 나는 또 다른 모모에게 주저 없이 손 내밀어 지켜 줄 것을 다짐한다.

⋮

"슬프게도 아이들의 안타까운 세상은 계속되고 있으니까."

현재의 모모

3 · 불법 번식장은 여전히 유지됩니다

달다 · 로쉐 · 부

그곳은, 얼마나 참혹하고 잔인한가

불법 번식장

무의식의 청각화라고 해야 할까. 시각적인 부분으로도 이미 충격에 휩싸일 수밖에 없는 곳인데, 거기에 수십, 수백 마리의 절규가 더해지면 몸의 모든 기능이 멈춰지는 듯한 기분이었다. 그 후 나는 무엇을 하든 어디에 있든 그 비명 소리를 불러낼 수 있다. 수년이 지나도 끔찍한 잔상이 잊히지 않는다. 버나드 쇼는 아무리 잔혹한 일이라도 그게 관습이라면 사람들은 용인하게 마련이라고 말했다. 인종 차별, 노예 제도, 고문의 실현 등…. 역사 사례들을 보자. 지금 보면 '어떻게 그럴 수 있었을까?' 의문이 들 만큼 잔인한 일들이 많았지만, 당시에는 그게 사회 통념에 크게 어긋나지 않았다. 인간은 결코 사회적인 구조나 문화로부터 자유롭기 힘든 무력한 존재라는 사실을 뼈저리게 느낀다.

구부러진 길을 들어가다 보면 산속 깊은 곳에 비닐하우스가 보인다. 바람 한 점 들어오지 않는 비닐 속에서 어두움에 눈이 적응될 즈음 겨우 안을 들여다볼 수 있다. 수백 마리의 개 짖는 소리가 가득하고 오물로 인한 악취가 숨을 막히게 한다. 먼지는 시야를 차단한다. 낡고 녹이 슨 뜬장에는 여러 마리의 아이들이 뒤엉켜 있다. 교배를 목적으로, 교배 시기가 되면 그 작은 뜬장에 네다섯 마리의 아이들을 넣어 놓는다고 한다. 닭 부산물이나 음식 쓰레기로 연명하며 오물에 뒤덮인 채 반복되는 교배와 출산, 심지어 불법 수술마저 감행되는 이곳은 펫숍 쇼윈도의 작고 예쁜 새끼 강아지들의 모견, 부견이 있는 번식장이다.

소위 합법 번식장의 존재 또한 알아야 한다. '허가'를 받았다고 하지만 실상은 이곳 역시 불법 번식장과 다를 바 없다. 내부 고발을 통해 알려진 화성 개 번식장의 실태만 봐도 알 수 있다. 문구용 커터칼로 배가 갈린 채 냉장고에 쌓여 있던 모견 사체들을 앞에 두고 어떻게 합법이라는 말을 뻔뻔스레 붙일 수 있단 말인가. 불법이든, 합법이라는 탈을 쓴 곳이든 번식장 아이들의 상태는 처참하다. 장애견도 있고 귀가 잘린 아이도 있다. 치아가 없는 건 다반사이고 성대 수술을 받아 목소리를 잃은 것 또한 이상할 것이 없는 곳이다. 구석 한쪽에는 김장할 때 쓰는 큰 대야가 있고 그 속엔 눈빛을 잃은 모견과 눈도 채 뜨지 못한 새끼 강아지들이 있다. 새끼들의 몸에는 수십 마리의 이들이 기어다녔고 새끼들 중 한 녀석은 숨을 쉬지 않았다. 마치 세상과 단절되어 있는 듯한 이곳은 지옥이라는 단어 외엔 달리 생각나는 말이 없었다.

이런 번식장에서 구조한 '달다'는 모견으로 쓰이던 아이였고 달다의 양쪽 뒷발에는 발가락이 없었다. 처음엔 기형인 줄 알았는데 병원 원장님이 한참을 보더니, 원래 기형이었다기보다는 관리나 환경 탓으로 발가락이 망가졌을 때 잘리고 불로 지져졌기 때문에 그렇게 된 것 같다고 했다. 보통의 번식장, 개 농장에 있는 아이들에게 빈번한 증상으로, 이런 악행을 저지르는 것은 모두 사람이다. 뜬장의 비위생적인 상태 때문에 발에 상처나 염증이 생겨 안 좋아졌을 때 치료를 해 줄 리는 만무하고, 그저 더 이상 관리를 해 주고 싶지 않으니 이런 잔인한 짓을 하곤 한다. 뜬장에 여러 마리가 있는 경우 서로 물고 뜯게 하지 않기 위해 억지로 이빨을 모두 뽑거나 갈아 버린다. 개는 소리를 듣는 능력이 뛰어나니까 작은 소리에도 짖기 시작하고, 이로 말미암아 개 농장 혹은 번식장에 있는 수십 수백 마리의 아이들이 동시에 짖어 대기 일쑤이니, 아예 듣지 못하도록 귀를 지지거나 때려서 청력을 잃게 한다. 새끼 낳는 기계로 쓰이게 하는 것 이상의 잔혹한 만행. 우리가 분명히 알아야 할, 그리고 알게 되었다면 절대로 외면하지 말아야 할 번식장 아이들의 삶이다.

2023년 7월, 한 동물 보호 단체가 전북의 개 도살장을 급습했다. 이곳은 그 어떤 개 농장보다도 처참했고, 개 오줌 등으로 발생한 암모니아 때문에 아이들이 눈도 뜨지 못하는 상황이었다. 뜬장은 사방 벽은 물론 천장과 바닥까지 얇은 철조망으로 되어 있었다. 바닥이 얇은 철선으로 되어 안에 있는 동물들은 얇은 철선에 발을 딛고 서 있어야만 했고 자연스레 발바닥이 파이고 갈라졌다. 관절에 좋지 못한 것은 물론 염증이 생겨 걷지 못하게 될 가능성 또한 높았다. 발이 철조망 간격보다 작은 아이들은 발을 구멍에 빠트릴 때마다 머리를 바닥에 찧어야 했다. 비바람을 막을 수도 없고, 더위와 추위, 벌레에도 취약할 수밖에 없다. 뜬장을 쓰는 이유는 단 한 가지, 사람이 배설물을 치우기가 편해서이다.

죽음의 기운만이 가득한 이곳에서 아이러니하게도 교배와 출산으로 인해 새롭게 태어나는 아이들도 있다. 도살장에서 번식이라니. 이는 펫숍 쇼윈도에 진열되는 목적이 아닌, 개고기 생산을 목적으로 한 번식인 것이다. 식용견으로 태어나는 아이들의 삶. 교배 날이 되면 이때만큼은 아이들도 두 평 남짓한 실내 견사에 들어갈 수 있다. 발정기가 온 암컷을 각 견사에 차례대로 배치하고 이후 수컷을 데려와 암컷이 있는 견사에 집어넣고 문을 닫는다. 간혹 발정기가 왔음에도 불구하고 수컷을 받아들이지 않는 암 컷들이 있으면 업자들이 들어가 암컷을 억지로 붙잡아 세워 교미를 시킨다. 또한 발정해야 할 때를 놓친 암컷이 있으면 차량 뒤에 묶고 아주 오랜 시간 동안 뛰게 만든다. 동물이 죽음의 위협을 느낄 정도로 무리하게 운동을 하면 죽기 전에 종족을 번식해야 한다는 본능에 의해 발정을 시작하게 된다는 어처구니없는 믿음 때문이다. 과학적으로 증명된 사실이 아니지만, 도살자와 번식업자 들이 흔하게 사용하는 방법이라고 했다.

18~19세기, 미국에서는 말을 듣지 않는 흑인 노예를 고문하고 죽이는 일이 일상적이었다고 한다. 잔혹한 일인 줄 잘 알지만, 다수의 백인들은 그것이 사회 질서 유지를 위해 정상적이고 자연스러우며 필요한 일이라고 여겼다. 동물을 대하는 인간의 태도도 이와 비슷한 것 같다. 그렇게 인정하지 않으면 우리는 먹고 마시고 입고 쓰는 현재의 모든 생활을 유지할 수 없다. 레오나르도 다빈치는 언젠가 동물을 죽이는 것이 살인처럼 다루어질 때가 올 것이라고 예측했다. 동물의 시체와 부산물을 먹고 입고 신고 바르며 사는 우리는 삶의 방식을 포기할 수 없기 때문에 이를 정당화한다. 동물의 고통과 희생은 필요 불가결 한 것이라고. 마치 흑인 노예들에 대해 미국 남부 사람들이 말했던 것처럼, 동물들의 고통을 애써 외면한다. 덕다운 패딩을 만들기 위해 어린 오리들이 생살이 뜯기는 고통을 받으며 죽는다는 것을 우리는 모른 채로 살고 싶어 한다. 조금 더 앞서 가는 사람들이 조금 더 과격하게, 전방위적으로 많은 정보를 우리에게 알려 줬으면 좋겠다. 그래서 이렇게 말

하는 날이 빨리 오면 좋겠다. "세상에, 동물들도 감정이 있는 생명인데 어떻게 그런 잔인한 짓을 할 수 있죠?"

도살장에서 구조한 아이들

번식장에서는 모견, 부견으로 쓰던 아이들이 더 이상 효용 가치가 없어지면 산속, 논두렁, 보호소 등 가리지 않고 마구잡이로 버리는 2차적인 악행을 저지르거나, 개 농장에 팔아넘긴다. 그중 한 곳이 군산의 개 농장이었다. 농장이라는 표현보다는 도살장이라고 부르는 게 더 정확할지 모르겠다. 소형견은 보통 개소주용으로 쓰인다고 한다. 다행히 군산 개 농장의 수십여 아이들은 모두 구조되었고 군산 보호소로 입소했지만 구조되어 들어간 곳은 결국 유기견 보호소였다.

나는 그중 7마리를 구조했다. 번식장에서 모견, 부견으로 쓰이다 식용 목적으로 개 농장에 넘겨진 캬라멜, 허니, 르뚜, 라뽀, 블룸, 와플, 로쉐가 우리 품에서 맞이하는 첫 세상은 어땠을까? 이동 봉사자를 통해 군산에서 서울로 올라오는 길에 조심스레 산책을 하는 모습에서 눈물이 터져 나왔다. 반짝이는 눈빛과 환한 표정, 온몸으로 행복을 말하고 있었다. 이 냄새와 풍경이 얼마나 신기하고 재밌었을까.

구조 당시에는 수많은 고민과 걱정에 휩싸인다. 늘어나는 병원비와 더뎌지는 입양, 믿을 만한 임보처를 구하기가 점점 힘든 상황. 이 모든 것이 앞으로 해야 할 구조 활동을 더 어렵게 만들고 있었다. 하지만 아이들이 세상의 외면을 받는 현실에 차마 아이들을 놓을 수가 없었다.

구조 마지막까지 고민하게 만들었던 아이는 번식장 모견으로 쓰이던 '로쉐'다. 데리고 나와 보니 역시나 가장 나이가 많았고 전 발치를 해야 할 정도로 상태가 좋지 않았다. 슬개골 탈구가 있어 수술을 해야 한다는 건 가장 많은 치료비가 발생한다는 의미였다. 200만 원에 가까운 로쉐 치료 청구서를 보면서 눈앞이 깜깜해지다가도 한편으로는 안도의 숨을 내쉰다. 슬픈 현실이지만 결국 이 돈이 로쉐의 생명값이다. 이 돈으로 로쉐가 살았으니까 말이다. 반복되는 출산으로 인해 축 늘어진 젖과 뱃가죽을 가진 로쉐가 번식장 모견으로서 평생 얼마나 많은 생명을 잉태하고 출산해야 했을지. 잔인한 환경 속에서 로쉐가 만들어 낸 안타까운 생명들은 얼마나 될지. 그리고 로쉐는 어쩌다 자신의 생명값 하나도 얻지 못한 채 무참히 버려지고 도살되는 순간을 기다리고 있었던 건지. 로쉐가 살아온 시간이 몸에 고스란히 남아 있었다. 로쉐의 늘어진 뱃가죽에 대한 생명값을 생각하니 참 억울하고 슬프면서 지금까지 죽어 가거나 팔려 갔던 동물들의 삶에 진심으로 애도하며 용서를 구했다.

로쉐는 이 책의 초반부에서 이야기했던 빼로가 살아 있을 때 매주 재활을 데리고 다녀 주시던 봉사자님께 입양을 갔다. 그분은 이전에 대전동물보호센터에서 구조한 '포엠'이라는 아이의 입양자님이기도 하다. 빼로와 함께한 1년 가까운 시간을 묵묵히 걸어갈 수 있던 이유는 빼로 곁에 모인 결 고운 사람들 덕분이라고도 말할 수 있는데, 여기에는 포엠이 입양자님의 도움도 컸다. 매주 재활을 책임져 주고 뻬로가 미용할 때가 되면 본인 집에서 하루 재워 주고는 미용까지 시켜 데려다 주시곤 했다. 뻬로와 이분은 서로가 서로에게 중요한 의미였기에 뻬로가 그렇게 허망하게 떠났을 때 나 못지않게 힘들어했고, 뻬로를 지키지 못한 우리는 어떤 이야기도 할 자격이 없다며, 홀로 뻬로를 애도하는 시간을 갖겠다고 하셨다. 그러고 나서 한참 후에 이런 말씀을 하셨다. 본인이 손 내민 아이들이 잘못되는 것 같다면서, 앞으로 누구에게든 손을 내밀기가 무서워진다고. 아무것도 안 하고 조용히 후원만 하겠다는 말씀에 나는 이렇게 답했다.

"우리가 뭐라도 했으니 뻬로의 세상에 조금 더 따뜻함이 깃들고 뭐라도 달라지지 않았을까요? 뻬로는 떠났지만 우리는 그 무엇과도 바꿀 수 없는 뻬로와 함께한 시간을 기억해요. 그때를 회상하며 힘을 얻는 순간이 분명 올 겁니다."

그리고 얼마 지나지 않아 로쉐의 임보 가족이 되어 주셨고, 결국 로쉐를 입양해 이 아이의 마지막 가족이 되어 주겠다고 결심하셨다. 뻬로에게서 시작된 마음이 로쉐에게 닿은 것이다. 뻬로에 대한 미안함이 로쉐에게 갔고 로쉐만큼은 꼭 지켜 내자 했던 마음이 컸다고 한다. 아직도 가끔은 로쉐한테 뻬로라 불러 미안하다고 하신다. 뻬로 몫까지 로쉐가 행복할 수 있도록 최선을 다해 주겠다는 말씀에 눈물이 핑 돌았다. 고맙고 미안해, 뻬로. 그리고 축하해, 로쉐. 너의 삶에서 처음이자 마지막 가족을 만났으니, 앞으로 더 오래도록 즐겁고 행복하길!

또 다른 번식장의 종견 '부'

경기도 고양시의 한 시골 마을, 인적이 드문 길을 가다 보면 낡고 조그마한 컨테이너 하우스가 있다. 소규모로 운영되던 불법 번식장이다. 단속을 통해 번식장은 철폐되었지만 스무 마리 정도의 아이들은 갈 곳을 잃었다. 몇 마리는 단체에서 구조해 갔지만 남은 열세 마리를 생각하면 머리가 지끈거려 왔다. 남은 아이들은 대부분 10살 정도의 나이에 외관상으로도 상태가 좋지 않아 보였다. 부담이 컸지만 결국 나는 아이들을 모두 데리고 나왔다.

구조견 중 유일하게 종견으로 쓰이던 아이는 '부'다. 농장주는 부의 나이를 정확히 알고 있었다. 거의 10년 동안 자신이 데리고 있었다면서 자랑하듯 말하는데 그걸 듣는 내내 끔찍했다. 10년이라는 긴 시간 동안 부의 양쪽 뒷다리는 망가질 대로 망가져서 뒤틀린 채 방치되어 있었고, 그 상태로 새끼를 갖게 하는 기계로만 쓰였을 테니 말이다. 부는 구조 당시 가장 많은 고민을 했던 아이다. 다리 상태가 최악이라 자신이 없었다. 그런데 그때, 농장주의 말에 바로 데리고 나올 수밖에 없었다. 이런 아이는 아무도 데리고 가지 않을 테니 자신이 계속 데리고 살겠다고, 그냥 두고 가라고. 여기서 내가 손을 내밀지 않으면 부에게는 지옥 같은 삶이 또다시 반복될 게 뻔했다. 확정된 구조견들을 켄넬에 싣고 있는데, 아픈 다리를 이끌고 부가 힘겹게 기어 와 친구들이 있는 켄넬 옆에 앉는 모습을 보고 일단은 살리자는 마음이 들었다. 아이들과 함께 나올 수 있게 된 부는 안쓰러울 정도로 착하고 순했다.

부의 다리 검사 결과는 역시나 슬개골 탈구 말기 중의 말기로

불법 번식장에서 구조한 부

일반 슬개골 수술로는 불가능한 상태였다. DFO라는 절골 수술을 해 볼 수 있는데, 이에 따른 사전 CT 검사가 필요했고 바로 수술 계획을 잡았다. CT 촬영을 하고 3D 프린터를 통해 부의 뼈를 만들고 맞춤 수술 기구도 제작하여 시뮬레이션도 해야 하는 복잡하고 고난도의 수술이었다. 비용 또한 일반 수술과 2배 이상 차이가 났지만 예은동물병원 원장님이 치료 비용을 낮추는 등 여러 가지로 배려를 해 주셨다. 문제는 검사 과정에서 쿠싱 확진까지 받았다는 점이다. 쿠싱인 아이들의 수술이 위험한 이유는 혈전과 같이 수술 후에 나타날 수 있는 여러 합병증 때문인데 2주 정도 쿠싱약을 먹으며 수치가 안정화되는 것을 확인한 뒤에 수술을 진행하기로 했다. 아직 큰 산 하나도 제대로 넘지 못했는데 그 뒤에 수많은 산이 기다리고 있는 기분이었다. 같은 번식장에서 함께 구조된 다른 아이들은 하나둘 가족을 찾아 떠나는데 부만 남아 있으니 늘 마음 한쪽이 무거웠다. 마지막까지 남는 건 결국 나의 손길이 필요한 늙고 아픈 천사들뿐이구나.

부는 쿠싱이라는 호르몬 질환을 앓고 있기 때문에 마취를 할 경우 위험성이 높아져 다리 수술을 해도 괜찮을지 고민을 많이 했다. 그럼에도 불구하고 기립 자체가 거의 불가능하고 걷지 못하는 상태로는 다른 내과 질환이 더 빠르게 악화될 것 같다는 원장님의 소견에 수술을 결정할 수밖에 없었다. 다행히 부의 쿠싱 수치는 안정화되었고 4시간이 넘는 긴 수술을 받았다. 양쪽 뒷다리의 휘어진 뼈를 교정하면서 동시에 슬개골 탈구 수술을 진행했다. 부의 수술은 굉장히 성공적이었다. 하지만 구조처럼 수술 또한 수술로 끝이 아니다. 앞으로가 더 중요하다. 부는 수술 후 며칠간은 제대로 밥을 먹지 못했고 일어서기까지 오랜 시간이 걸렸다.

나는 매일같이 부의 밥과 간식을 챙겨 동호대교를 지났다. 무엇보다 아픈 티를 잘 내지 않던 부라서 더 마음이 쓰였던 것 같다. 부는 예은동물병원의 권기범 원장님과 백성기 부원장님 그리고 여러 선생님들의 케어 덕분인지, 밥을 안 먹는다는 소식에 맛있는 걸 한가득 챙겨다 주신 분들의 사랑이 닿았는지, 날이 갈수록 눈에 띄게 좋아졌다. 어리고 건강한 아이들마저 유기 동물 세상에서 넘쳐 나고 있는 가운데, 아프고 나이 든 부의 성공적인 재활은 같은 처지에 있는 친구들을 입양하려는 사람들에게 좋은 본보기가 될 것 같았다. 하루가 다르게 기적 안에 사는 부에게도 든든한 가족이 와 주었다. 제주도에서 구조한 썸머의 입양자님께서 부에게 손을 내밀어 주셨고 나는 또다시 입양자님께서 보여 주신 용기와 실천, 그리고 따뜻한 마음을 본받아 배우게 되었다. 시린 겨울만 가득했던 부의 삶에 봄의 따스함이 오기까지 부에게는 그저 버티며 살아야 했던 시간들만 있었다. 앞으로는 처절하게 버텨 내는 삶이 아닌 겨울이 지나 봄이 오듯 자연스레 행복해지고 따뜻해지는 삶만 있을 것이다. 그러니 우리 부와 같은 친구들이 희망을 놓지 않고 조금만 더 버텨 주길 바란다. 그럼 어떻게든 내가 꼭 손잡아 줄 테니.

펫숍에서 강아지를 사 왔다면 내 아이의 모견과 부견의 삶에 대해 생각해 주길 바란다. 그게 아니더라도 한 번쯤은 가장 낮은 곳에서 힘겨운 싸움을 하고 있는 친구들을 떠올려 주면 좋겠다.

그 아이들은 여느 반려견과 다르지 않다. 평생을 뜬장에 갇혀 빛한 번 보지 못한 채 새끼 낳는 기계로 살아야 하는 번식장 아이들. 더 이상 새끼 낳는 용도로 쓸 수 없게 되면 개소주용으로, 개고기로 팔려 가는 아이들의 비참한 삶을. 그 지옥 같은 곳에서 구조된 아이들에게 관심을 가져 주었으면 한다. 번식장에서 낳은 새끼를 펫숍에서 사는 사람이 줄어들어야 비극은 끝날 수 있다.

"이 잔인한 공급이 계속되는 이유는, 수요가 있기 때문이다."

4 · 강아지에게 매겨진 '값'에 대하여

미떼

인형처럼 작고 예쁜 강아지는 어떻게 '만들어지는가'

사람들이 원하는 강아지는 어떤 모습일까? 인형처럼 작고 예쁜 강아지, 데리고 나가면 사람들이 환호하는 강아지, SNS에 올려 자랑하고 싶은 강아지, 더 작고 특색 있는 강아지….

그런데 이런 강아지들이 '만들어지고' 있다는 사실도 알고 있을까? 1킬로그램 겨우 넘는 모견, 몸도 제대로 가누지 못하는 700그램의 성견, 불법 수술을 감행하며 커터칼로 배를 갈라 새끼를 빼내는 번식업자, 그 손에 붙들린 미동조차 없는 모견, 어린 나이에 엉망이 된 치아를 가진 아이, 잇몸이 내려앉고 턱뼈가 부러진 아이, 자궁이 썩은 암컷, 밥을 먹다 기도가 폐색되는 초소형 강아지, 무릎 관절이 빠진 채 작은 몸으로 쉴 새 없이 교미 행동을 해야만 하는 종견, 안충에 감염된 눈으로 희망을 잃은 듯한 모습의 모견…. 이 아이들이 우리가 원하는 강아지를 만들어 내기 위한 번식장 모견, 부견이다. 처음부터 끝까지 잔인하고 매정한 이러한 과정은 오직 인간의 이익을 위해 작동한다.

작고 약한 강아지에게서 태어난 더 약하고 더 작은 퍼피들은 펫숍과 경매장에서 비싸게 팔린다. 해외로도 높은 가격에 수출되는 현실이다. 약한 퍼피들과 모견은 쉴 새 없이 죽어 나간다. 냉동고엔 아이들의 사체로 가득 차 있다. 우리나라 동물보호법은 영업장 규모를 제한하지 않고 있어 아주 기본적인 시설 기준만 충족하면 한 번식장에서 1만 마리를 키우는 것도 허용된다. 이마저도 행정력 미비로 점검하지 못하고 있다. 검사나 치료 의무도, 관리 의무도 없다. 살아 숨 쉬는 생명인 동물을 경매 방식으로 유통시키는 것 또한 허용하고 있다. 번식장이 얼마나 처참하고 열악하든 경매장에서 낙찰되어 펫숍에 진열되는 순간 번식장의 참상은 쇼윈도의 화려함에 가려진다.

2024년 1월 9일, '개 식용 종식 특별법' 제정안이 국회 본회의를 통과했다. 여기서 어떤 이들은 말한다. "왜 개만 구해 줘? 닭은? 돼지는? 소는?" 그들이 펴는 논리의 측면은 다양하므로 단편적으로 압축할 수는 없지만 그 한 축에는 "모든 동물은 평등하므로 개만 특혜를 주는 것은 불합리하다."라는 주장이 있다. 이는 평등에 부합한다고 할 수는 있지만 정의롭지는 않다. 방법론만 바꾸면 지금 당장 구할 수 있는 소수가 있는데 형평성을 이유로 다수 모두가 고통받도록 두는 것을 정의라고 할 수 있을까? 절대적 고통을 한꺼번에 줄일 수 없다면, 최소한 고통의 양이라도 줄여야 한다. 그래서 개 식용 종식은 평등이 아니라 정의의 개념에서 이해해야 한다. 만일 그들이 개 식용 종식 특별법 제정안 통과에 대해 "소는? 닭은? 돼지는?"이라고 주장하면서 개만 봐주지 말고, 얘들도 모두 잡아먹지 말자고 한다면 이건 평등하며, 정의롭다. 하지만 현실적으로 당장 그게 가능하지 않다면, 절대 고통의 양을 조금이라도 줄이는 것이 정의에 부합하는 일이다.

하지만 유감스럽게도 사회적으로 합의점을 찾기는 어렵다. 축산업이나 낙농업은 자본주의 사회에서 너무나 거대한 경제적 축일 뿐더러 인간의 식습관을 하루아침에 바꾸기는 쉽지 않기 때문이다. 하지만 대상 하나는 고통에서 제외해 줄 수 있다. 그렇게 한다고 해서 다른 동물들의 고통이 더 늘어나는 것도 아니다. 그럴 경우에 누구를 먼저 고통에서 벗어나게 해 주는 것이 옳을까? "돼지가 돼야 한다.", "고양이가 돼야 한다.", "개가 돼야 한다." 등등 저마다의 주장이 있다. 이 주장에서 수많은 이들이 개를 우선적으로 구해야 한다고 한목소리를 내는 이유는 개가 인간과 함께 생활하도록 길들여진, 인간의 언어를 가장 잘 이해하고 인간의 가장 친밀한 반려자로 함께해 왔기 때문일 것이다. 형평성 논리에 사로잡혀 똑같이 고통을 받자고 주장하는 것보다는 고통 속에 놓인 여러 동물들 중 한 종이라도 구할 수 있다면 그렇게라도 하는 것이 정의롭다. 왜 소와 돼지와 닭은 안 되고 개만 특별하게 대해야 하느냐고 주장하는 사람들에게 말하고 싶다. 당신들이 소와 돼지와 닭도 식용을 금지하자고 한다면 흔쾌히 찬성해 주겠다고. 그것 역시 인도주의적이며 정의로운 일이기 때문이다. 같은 이유로 개 식용도 금지해야 하는 것이다. 이것은 형평성이 아니라 정의의 문제니까.

이제 남은 건 한국형 루시법Lucy's law이 통과되는 것이다. 루시는 2013년, 영국의 강아지 농장에서 구조된 배터리 도그(마치 배터리를 충전하듯 새끼를 낳는 용도로 사육되는 강아지를 이르는 말)였다. 구조된 루시를 입양한 리사는 자신의 SNS에 루시의 건강 상태와 일상을 기록했고, 루시의 사연이 많은 이들에게 닿으면서 루시는 영국 동물 단체 캠페인인 "어머니가 어디에 있나요Where's mum?"의 얼굴이 되었다. 그러나 강아지 공장에서 학대와 고통과 방치를 겪으면서 살아온 루시는 뇌전증과 관절염을 앓다가 구조된 지 2년도 채 되지 않아 세상을 떠나고 말았다.

루시는 비록 짧고 안타까운 삶을 살다 갔지만 그 자신은 영국 사회를 바꿔 놓았다. 2018년 루시가 구조된 지 5년 만에 루시법이 제정된 것이다. 루시법은 펫숍에서 6개월 미만의 강아지와 고양이 판매 금지, 동물 경매장의 매매 거래 금지, 대규모 번식장 철폐, 인터넷 거래 및 매매 금지, 제한된 출산과 펫숍 전시를 위한 모견과 퍼피 분리 금지 등의 내용을 포함하고 있고, 이는 동물 보호를 위한 첫발이자 구체적인 실천 방안이다. 이 법이 한국에서도 통과되기 위해 조금씩 소리 높여 외쳐야 할 때가 왔다.

대한민국의 낙후된 반려동물 문화, 동물 학대와 착취, 비양심적인 탈법 행위의 근원이 경매장임을 명확히 알아야 한다. 경매장이 퇴출되면 펫숍은 물론 번식장도 자멸한다. 경매장 업주들이 펫숍과 예속된 번식업자를 동원하여 정당한 동물권 활동을 폄훼하며 매우 강하게 맞서고 있기에 루시의 친구들이 더 단단히 모여 루시법이 통과될 수 있도록 멈추지 않아야 할 때이다.

우리나라에서는 소위 '티컵 강아지(찻잔 속에 들어갈 만큼 작은 강아지를 이르는 말)'가 수백만 원에 거래되고 있다. 번식업자들은 이를 인위적으로 만들기 위해 개의 임신 기간인 약 두 달을 무시하고 칼로 모견의 배를 연다. 임신 기간을 채우지 못하고 태어난 미숙아들은 제대로 젖 한 번 물어 보지 못한 채 어미 품에서 떨어져 죽지 않을 만큼의 사료로 연명하며 펫숍 쇼윈도에 진열된다. 작아야 상품 가치가 높아지기 때문이다. 작고 예쁘다는 이유로 비싼 돈을 주고 거래를 한다. 미디어를 통해 특정 견종이 관심을 끌며 반짝 유행을 하면 그 값은 더 오른다.

정치인이나 연예인같이 인기로 먹고사는 직업은 이미지가 매우 중요하다. 그래서 그들은 끊임없이 이미지 메이킹을 한다. 최근 들어 개나 고양이가 그들의 이미지 메이킹 소재로 활용되기 시작했다. 반려동물 인구 천만이 넘었으니, 동물을 사랑한다는 이미지를 창출하는 것은 정치인이나 연예인의 마케팅에 큰 도움이 될 거다. 홍보용 사진마다 귀여운 개나 고양이와 함께 포즈를 취하며 귀여워 죽겠다는 표정 연기만 하면 인성까지 좋은 사람처럼 포장된다. 동물들이 원치도 않는 환경에 노출되며 소비되고 버려질까 걱정스러운데, 아니나 다를까 그런 일이 꽤 많다.

이효리 씨처럼 유기견을 자기의 가족으로 받아들여 함께하는 사람들도 많다. 대부분은 그렇다. 그들의 반려동물 공개는 사회적으로 긍정적인 영향이 크다. 하지만 그럼에도 TV 프로그램에서 특정 견종이 상품화되고 묘사되는 것은 거북하다. 관계와 책임을 강조해도 모자란데, 자칫 동물을 소비의 대상으로 여기는 풍조가 생길 수 있기 때문이다. 이런 사례와 마주할 때마다 유기 동물 봉사자들은 한숨부터 쉰다. 또 얼마나 많은 공장에서 저 견종이 잔인하게 생산되고 판매되고 버려질까. 특정 견종을 선호하는 유행이 끝나면 동시에 유기견 발생률도 높아질 게 분명하다. 생명은 거래의 대상이 될 수 없을뿐더러 반짝이는 유행의 대상이 되어서도 안 된다.

펫숍에서 방치되다 내게 닿은 아이들도 있다. 판매가 되지 않고 개월 수가 늘어난 퍼피들은 보통 번식장으로 돌아가 모견, 종견으로 사용되거나 보호소에 버려진다. 한 봉사자가 들려준 이야기다. 모 펫숍 사장으로부터 자신이 케어할 수 없는 아이들이 있어 보호소 앞에 데려다 둘까 하는데, 혹시 데리고 가겠냐며 연락이 왔다. 연락을 준 걸 고마워해야 할지 아니면 화를 내야 할지 몰랐지만 아이들을 생각해 바로 데리러 갔다고 한다. 사장이 데리고 나온 세 마리는 모두 상태가 최악이었다. 뼈가 다 드러날 정도로 말랐고 피부는 엉망이었다. 보기만 해도 가렵고 괴로워 보였다. 얼마나 방치를 했으면 아이들이 이렇게까지 망가져 있을까 싶었는데 더 화가 났던 것은 아이들을 데리고 나올 때 봉사자에게 펫숍 사장이 추후 이를 문제화하지 않겠다는 각서를 들이밀었다는 것이다. 본인이 펫숍을 운영하는 데 있어 안 좋은 이야기가 들리면 혹 피해를 입지 않을까 걱정하는 눈치였다고 한다. 그 이야기를 듣고 어느 누군들 사람의 이기심과 잔혹함에 환멸감을 느끼지 않을 수 있을까.

예정에 없던 구조였지만 아이들의 상태가 좋지 않아 고민할 시간도 없었다. 아이들에게 번식장의 뜬장과 펫숍의 쇼윈도만이 세상의 전부였다는 것이 슬펐다. 그중 푸들 '미떼'의 피부는 최악이었고 영구 치아가 다 갈려 있었다. 아마도 뜬장에서 나오고 싶어 물어뜯은 것 같았다. 한창 사랑을 받아야 할 시기에 도대체 얼마나 힘든 시간을 보냈는지 소변을 본 자리 위에 앉아 꾸벅꾸벅 졸기만 한다. 그 모습에 병원 선생님도, 많은 봉사자들도 고개를 떨궜다. 아이들 모두 땅을 밟아 본 게 처음인 듯 걷는 법도 뛰는 법도 몰랐다. 바닥에 내려 주니 어색해하며 껑충껑충 뛰었다. 그걸 보는 마음이 무너져 내렸다.

동네마다 하나씩은 있기 마련인 펫숍과 그곳에서 개를 사고파는 사람들. 개를 키우고 싶다는 생각이 들면 당연하게 펫숍을 떠올리는 사람들이 아직 많다. 번식장과 펫숍의 관계를 알리고, 수백, 수천 마리의 모견과 종견을 구조해도 여전히 한곳에서는 번식과 분양이라는 동물 학대가 이루어지고 있다. '번식장-경매장-펫숍'으로 이어지는 잔인한 굴레. 이 굴레 속에서 번식장의 개들은 죽기 전까지 학대를 당한다. 가치가 없어진 번식견들은 밥도 제대로 얻어먹지 못하다가 개소주용으로 팔려 가거나, 도살되거나, 차디찬 땅에 산 채로 묻힌다. 누구나 펫숍, 경매장, 번식장, 미용 실습견, 개 농장을 생각하면 마음이 아프고 화나고 슬플 것이다.

하지만 그런 마음에서 끝나지 말아야 한다. 사람으로서, 우리가 이 가여운 생명들을 위해 해야 할 일이 많다. 우선 펫숍의 강아지들이 어디에서 왔는지 알아야 한다. 작고 귀여운 아기 강아지

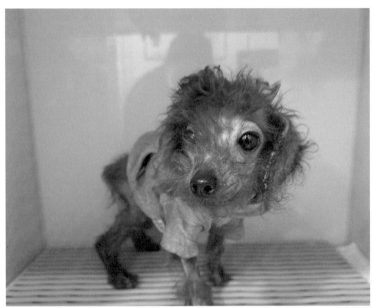

구조 당시와 치료 후의 미떼

뒤에는 좁은 뜬장에서 음식물 쓰레기를 먹으며 장기가 다 망가지도록 임신과 출산을 반복해서 겪어야 하는 모견이 있다.

잔인한 순환을 현 세대에서 멈출 수 있도록 우리는 더 많이 알리고 소리 내어야 한다. 무지한 수요가 계속되니 아이들의 희생만 따르는 공급이 계속된다. 몰랐다면 모를까. 이 잔인한 이면을 알고 마음 아파하면서 반복한다는 건 부끄러운 일이다. 알았다면 바꾸어야 한다. 알아야 바뀐다. 이제 펫숍 대신 보호소로 향하길 바란다. 비윤리적인 소비를 하지 않아도, 이곳에서 가족을 만날 수 있다. 누구에게나 떳떳하게 가족을 만난 곳을 말할 수 있다. 사지 말고 위기에 처한 아이들에게 손 내밀어 주는 것이 당연한 세상이 되어야 한다. 소비를 멈추면 비로소 모든 것이 제자리로 돌아올 것이다.

∴

"비참한 동물 착취 산업, 인간의 감정 소비를 위해
동물에게 고통을 가하는 무자비한 산업의 철폐를 간절히 바라며,
나의 이야기가 모두에게 닿기를 바라며."

5 · 세상에 버림받아도 되는 동물은 없다

홍시

하루아침에 세상을 잃은 홍시

부산의 유기 동물 보호소에 들어온 한 노견 포메라니안의 사연은 특이했다. '견주 사망으로 입소'라는 사항에 눈이 갔다. 보호소에 연락해 보니 할아버지께서 키우던 아이였고 병원에 가느라 잠시 호텔링(개를 임시로 맡기는 일)을 한 사이에 할아버지께서 돌아가셨다고 한다. 보호자가 사망하여 입소한 것만으로도 마음이 아팠는데 심지어 나이도 많았다. 안타까운 사연인지라 많은 분들이 마음 아파했지만 정작 손 내밀어 주는 사람은 아무도 없었다. 당시의 나 또한 다수의 유기견을 돌보고 있던 터라 현실적으로 부담이 되는 상황이었다. 그래서 혹시라도 입양처를 구할 수 있지 않을까 하는 마음으로, 또 구조 후 입양을 갈 때까지만이라도 믿을 만한 임보처가 나오기를 바라는 희망으로 기적을 바라며 글도 몇 차례 올렸으나 역시 깜깜무소식이었다. 아무리 보고 싶어도 보지 못하는 주인을 보호소 뜬장에서 하염없이 기다리고 있을 아이가 안쓰러워 결국 먼저 구조하기로 결정했다. 부산 지역에서 유기견을 구조할 때면 늘 도움을 주는 봉사자를 통해 '홍시'가 나올 수 있었고, 이 봉사자는 서울의 연계 병원까지 이동하는 일도 맡아 주었다.

홍시는 신부전이 의심되는 상태였다. 바로 수액 처치가 들어갔고 신장약을 처방받아 먹였다. 급성이라면 금방 수치가 잡히겠지만 만성이라면 큰 변화가 없을 테니 며칠간 입원하며 상황을 지켜보기로 했다. 더 속상했던 것은 홍시의 다리 상태였다. 양쪽 앞발은 발톱이 길대로 길어 변형된 것처럼 옆으로 누워 자라고 있었다. 뒷다리 상태 또한 슬개골 탈구 3~4기로 좋지 않았다. 노견인 점을 고려하여 슬개골 수술은 최대한 피하고 침과 재활로 통증 치료를 해 주기로 했다. 중성화와 스케일링이라도 해 주려 했지만 신장 수치가 높게 나와 우선 신부전 치료를 진행하였고 수치가 안정화되면 다음 단계의 치료와 수술 방향을 잡기로 했다. 처음 200에 가까웠던 혈압 수치는 혈압약을 먹으며 많이 떨어졌지만 신장 수치는 기대만큼 안정화되지 않았다. 만성 신부전 3기 판정을 받은 홍시가 더 안타깝고 불쌍했다. 이 세상에 나와 홍시 둘만 외로이 남겨진 기분이 들었지만, 홍시를 위해 나는 그 어느 때보다도 의연한 마음을 가져야 했다.

신부전 관련 연구 자료를 읽기 시작했고, 병원 원장님과 상담하며 치료 프로토콜을 잡았다. 홍시는 신부전에 관련된 처방식과 처방약 그리고 보조제 급여가 필요했다. 더하여 매일 피하 수액을 맞혀야 했는데, 신부전을 가진 아이들에게 수액은 생명수와 같기 때문에 가장 중요한 부분이었다. 혈관을 찾아 놓는 정맥 수액 주사가 아닌 등 피부에 주사를 놓은 방식인데, 병원에서 방법을 배우면 누구나 할 수 있을 것 같지만, 의료 지식이 많지 않은 사람들에게는 주사를 놓는 것 자체가 쉽지 않은 일이다. 이것이 중요한 이유는 명백하다. 신부전은 나아지는 질병이 아닌, 앞으로 더 나빠지는 속도를 늦추기 위한 관리의 싸움인데, 이는 언젠가 말기에 접어들 것이고 응급 상황이 올 수도 있다는 뜻이다. 그 과정에서 매일 정해진 양의 피하수액은 필수적으로 놓아 주어야 하기에, 매일 병원에 방문하여 진행하지 않는 이상 보호자가 주사를 놓지 못하면 대처가 어렵기 때문이다.

신부전증과 끝없는 싸움을 해야 할 홍시에게 안타까운 이야기가 더해졌다. 홍시가 호텔링을 하던 동물병원 테크니션 선생님의 연락이었는데, 홍시 가족이 홍시를 포기하기까지 사연이 있었다. 홍시는 원래 할아버지 딸이 키우던 강아지로 이름은 포라였다고 한다. 아기 때부터 그 병원을 다녔는데 노령에 접어들면서 신부전증과 췌장염 치료를 하고 있었다. 문제는 딸의 사정으로 홍시가 할아버지에게 맡겨지면서 홍시의 건강에 문제가 발생했다. 신부전증을 앓는 경우에는 단백질 섭취 관리가 매우 중요한데, 이를 잘 모르는 할아버지가 홍시에게 고기나 사람이 먹는 음식을 주면서 상태가 악화된 것 같았다. 게다가 이 무렵 할아버지가 암 투병을 시작한 것도 홍시에게는 좋지 않게 작용했을 것이다. 할아버지가 항암 치료를 위해 병원에 입원할 때면 홍시 또한 호텔링을 하게 되었는데, 이처럼 주변 환경이나 상황이 자주 바뀌면서 건강관리를 제대로 받지 못한 것 같았다. 할아버지가 돌아가시고 나서

병원에 남겨진 홍시의 원래 주인이었던 딸에게 연락했지만 자기는 키울 수 없다며 소유권을 포기한다는 말만 반복했다고 한다. 다른 가족에게도 연락을 했지만 반응은 동일했고 병원에서 안락사를 시켜 단체 폐기 처분을 해 달라는 요구만 있었다고 한다. 하루아침에 세상을 잃은 홍시에게는 너무나 가혹하고 비참한 상황이었다. 옆에서 이 모든 상황을 함께한 병원 선생님께서는 결국 홍시를 안락사하지 못했다. 아프고 나이가 들었지만 홍시는 장난감 놀이도 좋아하고 배변도 잘 가리는 영특한 아이니 분명 누군가의 눈에 들 거라 믿으며 보호소로 보냈다. 하지만 보호소로 간 홍시가 마주한 상황은 뜬장 안에 들어가 기약도 없이 기다리는 일뿐이었다. 아픈 노견의 현실은 당연히 참담했고 자연사든 안락사든 그 끝이 뻔했다. 그렇게 마음 쓰이던 홍시였기에 병원 선생님은 계속 구조 관련 인스타그램 피드를 보고 있었고 홍시가 보호소에서 구조된 소식을 접하자마자 내게 연락을 했다.

홍시의 소식에 안도하면서도 한때 주인이었던 사람들의 행태를 용서할 수는 없었다. 그들은 자신이 힘들다는 이유로 가장 먼저 홍시를 포기했다. 홍시에게는 그들이 세상의 전부였을 텐데 말이다. 너무나 당연한 듯 소유권을 포기했고 안락사를 시켜 단체 폐기 처분을 해 달라고 요청했다. 거기에는 자기들 나름의 사정이 있다고 변명을 늘어놓을 테지만 그렇다고 해서 그 변명이 결코 면죄부가 되지는 못할 것이다.

노견이기에 당연히 아플 거라고도 예상했지만 홍시는 노견 같지 않은 몸 상태를 보였다. 밥도 잘 먹고 여러 종류의 약과 보조제도 기특하게 잘 먹었다. 외모만큼이나 아가스럽게 장난감 공놀이를 아주 좋아했던 천진한 여왕님이었다. 홍시와 함께한 순간부터 세상이 멈춘 듯한 기분이다. 그만큼 나는 내게 주어진 시간 동안 홍시에게 집중하며 최선을 다했다. 이런 마음이 통했는지 기적처럼 홍시에게 손 내밀어 준 임보자가 나왔다. 홍시의 임보자는 시각 장애를 가진 소망이와 후지 마비인 사랑이와 반려 생활을 하고 있는데, 홍시 임보를 맡을 때 했던 말이 잊히지 않는다.

"저희 애들이 장애는 있지만 아픈 데는 없어요."

아프다는 개념을 어떻게 이해할지는 사람마다 다르다. 홍시 임보자님은 아픔의 크기를 다르게 인식하고 있었다. 그의 말에서 남다른 시각이 느껴졌고, 아픈 홍시를 케어하는 데 집중할 수 있다는 말에도 믿음이 갔다. 나보다 어렸지만 다정하고 존경스럽고, 나의 그 시절을 돌이켜 보게 하는 결 고운 친구였다. 임보자님 또한 피하 수액 놓는 것이 처음인 분이라 병원에 가서 직접 배웠고 홍시를 위해 할 수 있는 최선을 다해 주셨다. 힘든 부분들이 분명 있었을 거다. 아침저녁 여러 약과 보조제를 시간 맞춰 먹여야 하고 처방식도 최대한 여러 번 나눠 급여해야 했으며 우리 홍시 코에 바람도 쐬어 드려야 했을 테니 얼마나 정신없는 매일의 연속이었을까. 그럼에도 불구하고 임보자님은 홍시가 순하고 착하고 예쁘다는 말만 반복했다. 그래서 단순히, 아무도 홍시에게 손 내밀지 않는 이유가 정말로 신부전 때문이라면 슬프다고. 이렇게 곱고 고운데, 신부전 케어만 가능한 사랑 많은 집으로 가면 얼마나 좋겠냐면서. 홍시가 마주해야 할 현실의 벽이, 적어도 홍시에게

홍시

는 느껴지지 않도록 홍시를 향한 마음들을 모아 홍시를 든든하게 지켜 주기로 했다. 나는 '홍시의 공간' 멤버를 모집했고 매달 후원 금을 모아 홍시에게 필요한 처방식과 약, 보조제, 수액을 구매했 다. 30여 명의 사람들이 홍시를 위해 모였고 덕분에 홍시 치료 등 에 매달 100만 원 가까이 발생되는 비용을 충당할 수 있었다. 적어 도 우리는 홍시와 끝까지 함께하기로 했다. 물론 그 마음으로 모 든 노견을 구조하지만 나와 임보자님뿐만 아니라 홍시의 공간 멤 버들 모두 같은 마음이었다. 그리고 더 많이 알리고 싶었다. 노견, 환견, 장애견, 믹스견도 여느 아이와 다름없이 이렇게 사랑받을 가치가 있는 아이라는 것을. 편견으로 재단하지 않고, 있는 그대 로의 모습을 받아 줄 평생 가족을 찾아 주고 싶었다.

임보가 아니라 입양으로 처리해 주세요

매일 많은 양의 수액을 맞느라 볼록해진 홍시의 등을 볼 때면, 똑같은 약과 맛없는 처방식을 억지로 먹는 모습을 볼 때면, 아주 가끔씩 홍시가 좋아하는 맛있는 걸 주면 게 눈 감추듯 먹어 치우 는 걸 볼 때면 다잡았던 마음이 매 순간 무너졌다. 홍시와 함께한 6개월 동안, 병원에서도 인정할 만큼 보호자가 할 수 있는 최선의 처치는 다 해 주고 있었지만 이미 신부전 말기에 이르렀던 홍시의 신장 기능은 더 이상 버티지 못했다. 곡기를 끊어 1킬로그램이 넘 게 빠진 앙상한 모습이었고 빈혈도 심해져 조혈 주사를 맞기 시작 한 지도 오래였다. 이제 더 이상 떨어지지 않는 혈액 검사 결과지를 보며 우울했고, 신부전 4기에 진입한 것 같다는 소견을 받고서는 좌절했다. 신부전이 나아지지 않는 병이라는 것은 알고 있었지만 그래도 이렇게 속절없이 흘러가는 시간들이 야속하고 원망스러웠다. 호흡도 가빠지는 날이 많아졌다. 하루가 멀다 하고 새벽에 응급으로 병원에 가길 반복해 몸도 마음도 지쳤을 텐데 기특한 홍시는 기어코 배변 패드에 쉬를 한다. 검사도 묵묵히 잘 받던 녀석이 언제부턴가 임보자님이랑 떨어지기 싫다고 발버둥 치며 소리를 지른다. 몸이 점점 나빠지고 있는 홍시도 마음까지 약해지는 순간에 다다른 걸까. 홍시가 떠날까 무서웠다. 하지만 뼈가 앙상해질 때까지 그 작은 몸으로 원망스러운 질병과 싸워야 하는 홍시만큼 무서울까 싶은 생각에 무너지는 마음을 붙잡아야 했다.

매일 병원에서 정맥 수액을 맞으면서도 입원장 안에서는 쉬를 하지 않는다. 임보자님이 데리러 가면 그때서야 잘 걷지도 못하는 몸을 이끌고 실외 배변을 한다. 홍시는 아픈 와중에도 도도하고 고귀한 여왕님 같았다. 결국 산소방 장기 렌트를 했다. 산소방에서 나오면 숨 쉬는 게 많이 힘들어 보였다. 임보자님은 홍시에게 이렇게 말했다고 한다. "홍시야, 이거 장기 렌트야. 오래 빌렸으니 이거 빌린 시간 동안만이라도 버텨 줘." 우리 모두가 간절히 빌었다. 하지만 우리의 기도는 하늘에 닿지 않았다. 산소방을 설치한 다음 날 홍시에게 폐수종이 왔다. 더 이상 수액을 놓을 수도 없어서 이뇨제를 1시간마다 맞혔다. 그렇게 4시간 정도 버텼을까. 방광에 오줌이 차지 않았다. 신장 기능이 멈췄고 더 이상 해 줄 수 있는 게 없었다. 너무 소중했던, 나의 아픈 손가락 홍시가 점점 죽음에 가까워지고 있었다. 임보자님은 입원장 안에서 눈물을 글썽거리는 홍시를 안고 돌아왔다. 입원장에서는 좋아하던 장난감 삑삑이에 눈길도 안 주고 공허한 눈으로 누워만 있더니 집에 오니 그 아픈 몸으로 삑삑이를 꺼내 달라는 신호를 보낸다. 아아, 홍시를 아직 보낼 수 없는데.

그럼에도 죽음에 이르러야 한다면, 죽음을 앞둔 홍시가 너무 많이 힘들어도, 무서워하지 않길 기도했다. 헤아릴 수 없는 사랑을 받았던 홍시다. 홍시가 마지막에 다다랐을 때 홍시 임보자님은 홍시를 꼭 입양으로 처리해 달라고 부탁하셨다. 임보가 아닌 입양으로 하여, 모든 사람들에게 이렇게 아픈 상태로 우리에게 너무 늦게 닿은 홍시도, 만성신부전 말기의 이렇게 아픈 노견 아이도 입양을 간 걸로 사람들에게 기억될 수 있게 말이다. 홍시가 조금만 일찍 우리에게 왔다면 어땠을까. 그래서 조금 더 빨리 치료를 시작했다면 어땠을까. 부질없는 가정이다. 그 대신 우리는 모두가 간절히 빌었다.

"홍시야, 죽음은 단순히 존재 양식의 변화이기 때문에 우리는 늘 영원히 함께할 거야. 그러니 걱정하지 말아. 마지막 시간이 너무 아프지 않고 아름답기만을 기도해. 그럼에도 너무 지치고 힘들면, 남은 우리들 생각하지 말고 편히 훨훨 날아가 주렴. 우리의 사랑만 기억해 주고, 미련 없이 편히 날아가."

임보자님은 홍시와의 마지막을 준비했다. 홍시 옆에 누워 무섭지 않을 거라고, 다 괜찮다고 다독이며 짧은 낮잠도 함께 잤다. 처음부터 임보자님바라기였던 홍시는 사실 임보자님 가족들을 다 사랑한 모양이다. 평소에는 임보자의 남동생과 마주치기만 해도 짖으면서 경계심을 나타냈지만 마지막에 이르러서는 그가 학교에서 돌아올 때까지 죽음을 미룬 채 기다렸다가 그를 보고는 작지만 짧게 짖어 인사도 나눴다. 홍시의 마지막은 그 이후에 왔다. 여느 때처럼 티비를 켜고 소파에 앉아 있는데 홍시가 평소와 달리 계속 앉으려고 했다. 홍시를 안고 목을 쓰다듬어 줬다. 홍시는 몇 번의 작은 숨을 골라 내쉬더니 그대로 심장이 멈췄다. 홍시가 숨을 고를 때 임보자님은 홍시와 눈을 마주치며 얘기했다.

"아주 많이 사랑해. 홍시야. 괜찮아. 무서운 게 아니야. 언니 옆에 있어. 홍시야, 들리니? 홍시야, 언니 얼굴 기억해. 언니 나중에 가면 홍시가 마중 나와야 돼. 알았지?"

홍시가 마지막으로 경직하며 큰 숨을 내뱉을 때까지 꼬옥 안아 줬다. 그동안 맞은 수액 때문에 생식기와 기관지에서 물이 흥건하게 나오고 있었지만 꼬옥 안고 사랑한다고 말해 주었다. 숨이 멎어도 한동안은 아이의 영혼은 그 주변에 맴돌고 있을 테니. 그 후에도 사랑한다는 말을 반복했다. 홍시가 숨을 멈추고 난 후 울며 절규를 하면서도 임보자님은 "사랑해."라는 말을 입에서 멈추지 않고 내뱉었다.

홍시의 장례를 치르며 홍시로 인해 울 수 있는 양은 다 소진했다 싶었는데 홍시가 떠난 지 2년이 되어 가는 지금, 이 글을 쓰면서도 눈앞이 흐려진다. 우리에게 너무 늦게 닿은 만큼 조금만 더 곁에 있어 주길 바랐다. 겨울에 닿은 홍시가 봄과 여름만 느끼다 간 것도 속상했다. 그럼에도 우리는 어떻게든 살아 냈다. 홍시가 자신의 빈자리를 미안해하지 않도록 옆에 있는 결이 고운 존재로부터 힘을 얻으면서 말이다. 홍시로 인해 모인 따스한 마음들은 홍시가 떠나고 더 단단한 연결 고리가 되었고 서로에게 위로와 힘을 주며 또 다른 홍시를 살리기로 했다. 누군가의 책임 결여로 버려진 아이를 마음으로 품고, 떠나가는 마지막 결을 지켜 주는 일은 언제나 슬픔을 넘어서는 힘든 일이 분명하지만 내게 닿은 아이와 함께 나눈 시간은 그 어느 것으로도 대체 불가능하다. 우리가 함께했을 때 따스함으로만 가득했던 공기, 어떤 힘든 순간도 이겨 낼 수 있다는 긍정의 에너지, 나의 마지막 가족이 되어 주어 고맙다고 말하는 아이의 눈빛. 그렇게 내게 온몸으로 사랑을 표현해 줬던 모습 하나하나를 기억한다. 겪어 보지 못하면 절대 모를 우리만의 서사를 홍시는 우리에게 주고 갔다. 하마터면 허무하게 안락사로 외로운 죽음을 맞이했을지도 모를 홍시가 오히려 우리에게 남기고 간 6개월. 그 귀한 시간들을 우리는 기억할 것이다. 그 기억으로 오늘도 열심히 살아간다. 해 보지 않으면 알 수 없는, 보이지 않는 가치를 찾을 수 있도록. 우리에게 닿아 줘서 고마워.

·
·
·

"홍시는 우리에게 영원한 여왕이야."

6 · 너를 보내던 날의 풍경

홍삼

안락사에 관한 단상

한 드라마 속 주인공이 자신이 수의사를 관두게 된 이유에 대해 말해 주던 장면이 떠오른다.

"구제역이 돌 때였죠. 수의사에게는 의무가 있어요. 안락사와 혈액 채취 임무. 축주들은 마지막 가는 소들을 위해 고급 사료를 먹이면서 울어요. 난 그 옆에서 주사기 개수를 세요. 태어난 지 얼마 안 된 송아지가 자기를 죽이러 온 내 손을 막 핥아 줘요. 주사를 놓으니까 3초 만에 죽더라구요. 너무 어려서. 그 뒤로 소들의 울음소리가 머리를 떠나지 않아요. 아픈 동물들을 살려 주기 위해 수의사가 됐는데 어째 살린 동물보다 죽인 동물이 더 많은 것 같아서, 그래서 관뒀어요."

안락사라는 단어만으로도 생각이 꼬리에 꼬리를 문다. 그리고 자연스레 버려지는 동물들의 안락사에 대한 현실적인 문제로까지 이어진다. 동물등록제가 시행됐음에도 불구하고 매년 버려지는 반려동물의 수는 기하급수적으로 늘어나는 추세다. 현행 동물보호법상 유기 동물 보호 기간은 10일로 정해져 있고 이 기간 안에 주인을 찾지 못하거나 구조받지 못한 유기 동물은 다른 곳에 입양되거나 안락사 대상이 된다. 지자체에서 운영하는 보호소는 보호 기간 동안만 지원을 받기 때문에 공고 기한이 지나면 재정 문제, 관리 인력 부족 문제 등으로, 슬프게도 안락사가 불가피하다. 안락사를 하지 않고 보호하는 개체수가 늘어나면 사룟값을 감당하기도 어렵고 관리가 전혀 안 될뿐더러 제한된 공간 문제로 다른 유기 동물을 받을 수 없기 때문이다.

해마다 10만 마리 이상의 반려동물이 버려진다. 이 버려지는 동물들은 떠돌이 생활을 하거나 구조되어 유기 동물 보호소에 가게 된다. 보호소에 들어온 유기 동물의 입양률은 고작해야 20퍼센트에도 미치지 못하는 현실이다. 이는 나머지 아이들은 안락사를 당하거나 자연사를 한다는 의미이다.

보호소에서 진행하는 유기 동물 안락사에 대한 반대와 비난은 여전하다. 안락사는 늘 이슈가 된다. 단체에서 구조한 아이마저 안락사를 시켜 논란이 되었던 일도 있었으니까 말이다. 안락사 대상이 된 아이들을 하나라도 살리려 최전선에서 고군분투하는 봉사자들도 많다. 이렇게 버려진 아이들에게 마음 아파하고 애쓰는 사람들을 생각한다면, 그 전에 동물을 버려 안락사를 당할 운명에 처하게 한 사람들에게 책임을 물어야 한다. 결국 유기 동물은 버려지기 전에는 주인의 품에 있던 반려동물이다. 보호자의 의사로 살아가고 결국 보호자의 의사로 버려진다. 쉽게 동물을 키울 수 있다고 생각했다가 물건 버리듯 반려동물을 내버리는 보호자의 무책임한 행동은 지탄받아야 한다. 그렇게 버려진 유기 동물들의 수를 조절하기 위해 불가피한 수단이 바로 안락사인 것이다. 어쩌면 안락사라는 제도는 도의적 책임감이 결여된 보호자들이 저지른 악행을 사회가 대신 감당해 주는 그릇된 선처가 아닐까.

미용 실습견이었던 홍삼

유기 동물, 개 농장, 번식장의 또 다른 연장선에 미용 실습견이 있다. 애견 미용학원에서 청소 아르바이트를 시작한 한 봉사자는 실습견의 처참한 현실을 마주했다. 내게 보내 준 사진 속 학원 전용 실습견들은 방 한쪽에 마련된 여러 개의 뜬장에 두세 마리씩 들어가 지내고 있었다. 농장에서 미용 실습견으로 팔려 온 아이들이었다. 번식장에서 모견, 부견으로 잔인하게 쓰이다 다른 세상을 마주한 것이 실습견이라니, 얼마나 끔찍할까. 원치 않는 미용과 목욕을 수없이 당해야 하고 2차 학대까지 이어지는 일도 빈번히 발생된다. 실습을 받다 발톱이 빠지고 피부는 늘 엉망인 상태에 귀와 혓바닥이 잘리고 난방도 되지 않는 추운 곳에서 차디찬 물에 담가져야 한다. 이곳은 치료에 대한 의무도 없으니 당연히 케어가 되지 않는다. 스트레스로 인해 정형 행동을 보이기도 하고, 모든 것을 포기한 채 미동 없이 웅크려 있기도 한다. 심지어 어떤 아이들은 뜬장 안에서 물고 뜯으며 싸우기도 한다.

그 수많은 아이들 중 미용 실습견으로 가장 오래된, 치료가 시급해 보이는 노견 몰티즈부터 보게 되었고 어떻게든 살리고 싶었다. 봉사자님께서 미용학원 원장에게 아이 치료라도 해 주고 싶다고 말하니 원장은 본인이 데리고 가서 케어해 주고 다시 실습견으로 데려다 놓을 거라고 했다. 하지만 원장의 말과 달리 며칠이 지나도록 노견 아이는 치료를 받지 못한 채 방치되고 있었다. 아이들의 삶이 너무나 처참했다. 이러다가 정말 실습견으로도 효용 가치가 없어지면 가차 없이 버려지거나 개 농장으로 팔려갈 게 분명했다. 아니면 이 미용학원 뜬장에 갇혀 방치되다 죽음을 맞이하겠지. 수없는 설득 끝에 우리는 학원에 문제 제기를 하지 않겠다는 약속을 한 뒤, 노견 몰티즈 '홍삼'이를 데리고 나올 수 있었다.

홍삼이의 모습은 모두 할 말을 잃게 만들었다. 눈은 깨끗하고 10살이 넘어 보이지 않는데 치아가 하나도 없었다. 발 상태는 말로 표현할 수 없을 만큼 처참했다. 미용학원 뜬장에서 꺼내 주니 홍삼이는 마치 뜬장에서 나오면 나쁜 일을 당한다는 생각이 드는지 헐레벌떡 다시 뜬장으로 들어갔다. 당연히 성대 수술은 되어 있고 제대로 걷는 법도 모른다. 열심히 걷고 뛰고 하지만 너클링(발바닥이 아니라 발등으로 걷는 현상)이 심해 발등이 다 까지면서도, 힘을 잃어 픽픽 쓰러지는데도, 홍삼이는 그저 좋다고 웃는다. 교감하는 법도, 푹신한 방석 위에서 잘 줄도 몰랐다. 홍삼이의 지난 시간이 어땠을지 충분히 읽을 수 있었다.

홍삼이는 정밀 검사 결과 심장병 b1 단계였다. 심장 판막이 제 기능을 못 하면 역류하는 혈액의 양이 많아지는데 이 때문에 생기는 병이다. 나이가 들면서 저절로 약해질 수밖에 없는 부분이라

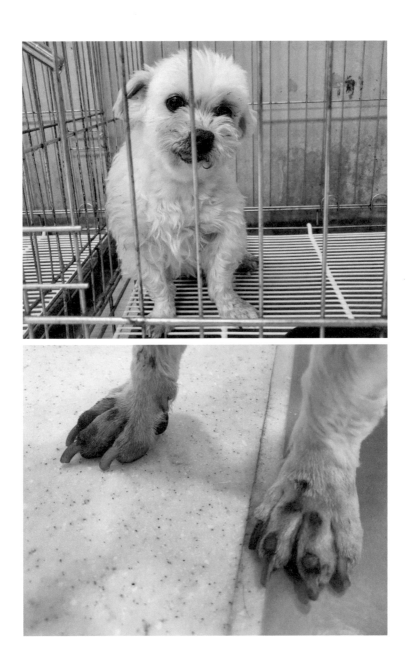

구조 당시의 홍삼이.
이빨은 하나도 없고, 발 상태는 처참했다.

약을 먹을 필요는 없었고 천천히 관리만 해 주면 된다고 했다. 처음엔 경추 디스크를 의심했지만 두 번의 검사 결과 디스크가 아니라는 진단을 받았다. 12년의 시간을 작은 뜬장에서만 생활하다 보니 뼈가 굳어도 너무 굳어서 보행이 힘들어 보이는 것 같다는 말에 마음 아팠지만, 정말 안타까웠던 것은 입에 손을 못 대게 하는 홍삼이의 모습이었다. 약을 먹여야 하는데 입을 벌리지 않아 억지로 벌리려 하니 청색증이 오고 자지러지게 힘들어했다. 미용 실습견으로 이용을 당한 반사 작용 같았다. 그리고 혹시라도 번식장에서 악질적인 번식업자를 만나 이빨이 뽑힌 거라면 당연히 입에 대한 트라우마가 있을 수밖에 없지 싶다.

홍삼이는 임보처에서 살뜰한 케어를 받으며 중성화 수술도 안정적으로 잘 마쳤다. 그 어떤 산책도, 운동량도 채워지지 않은 삶이었기에 걷는 게 어색했던 홍삼이는 앞발이 까지고 넘어지고를 계속 반복했지만 산책 러버였다. 임보자님이 신발을 신겨 주셨고 천천히 걸어가고 넘어지지 않게 하네스를 들어 주기도 하는데 홍삼이는 그동안 못 뛴 걸 다 뛰어 보겠다는 듯 신나게 달린다. 설령 넘어지더라도 홍삼이는 바로 일어나서는 씩씩하게 걷고 뛰었다. 신발이 닳도록 걷고 뛴 6개월이 지나 겨우 신발 없이 지낼 수 있게 되었는데, 이제야 삶다운 삶을 사는구나 싶었는데, 홍삼이에게 남은 것은 심장병과 치매, 위 종양, 디스크, 퇴행성 신부전증 그리고 전립선암이었다.

전립선암 최종 진단을 받고 항암제를 먹기 시작했지만 효과는 없었다. 얼마 지나지 않아 배변뿐만 아니라 배뇨도 힘들어하는 상태에 이르렀다. 전립선이 비대해지면서 요도와 직장을 눌러 배변, 배뇨 시 복강 내의 압력이 높아지면서 힘들어지고 있었다. 전립선 제거 등의 적극적인 수술은 노견인 홍삼이에게는 예후가 좋지 않을 거라 모두 호스피스를 권유했다. 배변, 배뇨를 하는 매 순간마다 고통스러운 비명을 지르길 반복했던 홍삼이의 모습이 잊히지 않는다. 변이 조금 부드럽게라도 나오게 하기 위해 유산균도 복용량의 두 배 넘게 먹여 봤지만 직장 자체가 눌려 있다 보니 변을 밀어내지 못하고 있었다. 밀어내는 순간엔 고통에 숨을 참고 그 과정에 호흡 곤란이 오기도 했다. 병원에서도 나중엔 안락사까지 고려해야 한다는 말에, 홍삼이가 이제야 겨우 누리게 된 삶을 빼앗기고 시한부 선고를 받은 듯하여 하늘이 원망스러웠다.

그렇게 우리가 결정한 마지막 방법은 전립선암 색전술 치료였다. 색전술로 종양 크기를 작게 하여 배변과 배뇨라도 좀 수월하게 하고 통증이 조금이라도 줄어든다면 그것만으로도 의미가 있다고 생각했다. 암 전이 유무부터 판단하기 위해 CT 검사를 진행했고 결과상 다행히 폐 전이도 없었고 림프 전이 한 군데 정도가 보이지만, 병원에서는 색전술을 하기에 충분히 의미가 있다고 했다. 이미 암 전이가 여러 군데 되었다면 색전술조차 시도할 수 없었을 텐데, 다행이고 감사했다. 하루 입원을 하고 다음 날 오전, 홍삼이의 전립선암 색전술이 진행되었다. 모두의 기도와 마음이 모이고 홍삼이에게 닿아 색전술은 잘되었고 앞으로 며칠간은 고통스럽겠지만 점차적으로 전립선암 크기가 줄어들어 홍삼이가 느끼는 고통은 확연히 낮아질 거라 했다.

완치는 아니다. 암 크기를 어느 정도 줄여 고통을 낮추는 데에 목적을 둔 치료다. 보통 색전술 효과의 유효 기간은 길어야 1년이고 그 후에도 암 전이 없이 시술 가능한 컨디션이라면 재진행이 가능할 것이다. 홍삼이는 시술 후 바로 퇴원하여 임보처로 이동했다. 걱정했던 홍삼이의 컨디션은 매우 좋았다. 밥도 두세 그릇씩 먹었고 무엇보다 배뇨할 때 비명 없이 그 자리에서 다 쌌다. 수술 전에는 고통 때문에 걸어다니면서 배뇨를 했던 것에 비하면 큰 진전이었다. 배변 역시 힘들어하긴 했지만 시술 전에 비하면 확연히 좋아진 게 보였다. 점차적으로 좋아질 거라 믿었다. 이렇게만 오래도록 지내 주길 바랐다.

12년 가까운 세월을 번식장에서 종견으로 쓰이다 미용 실습견으로 전락했던 홍삼이의 마지막이 전립선암이라니. 무분별한 번식에 쓰인 결과로 얻게 된 암이 홍삼이를 고통스럽게 만들었다. 암 크기가 커지다 보니 요관과 직장을 누르게 되었고 배변, 배뇨를 볼 때마다 극한의 고통을 느꼈을 홍삼이의 모습을 보고 많은 분들이 함께 울었다. 하지만 모두가 같은 마음은 아니었다. 홍삼이에게 최선을 다해 주겠다는 우리의 결정을 응원하는 사람이 있는 반면, 고통에 힘겨워하는 홍삼이의 모습을 보고 차라리 하루빨리 편히 보내 주는 것이 홍삼이를 위하는 길이라고 힐난하는 목소리도 있었다. 홍삼이는 전립선암으로 힘겨워하는 것만 **빼면** 여느 노견 아이들보다 밥도 잘 먹고 건강한 아이였다. 정답은 없지만 확실한 나의 방향은, 홍삼이가 조금은 덜 아파하면서 조금은 더 세상의 따뜻함을 많이 누리길 바라는 것이었다. 그 과정에서 수많은 의료

진과 임보자님, 봉사자님과 함께 수많은 날들을 눈물로 고민한 결정이었다. 그 결정에 후회는 없다. 믿음과 책임만 있을 뿐이다. 그 끝이 아프더라도 나는 이 결정을 믿고 갈 수밖에 없다. 홍삼이를 위해서 흔들리지 않고 의연하게 가야 했다.

너를 보내야만 했던 날

한 달이 흘렀을까, 전립선 종양이 색전술한 부분을 피해 옆으로 자라면서 방광이랑 신장이 연결되는 관 부분을 덮어 버렸다. 신장에서 노폐물과 뇨가 나오는 관이 막히다 보니 신장이 손상되어 수신증이 왔고 췌장염까지 진행되어 다시 입원했다. 수치를 잡으려면 수액을 많이 맞아야 하는데, 심장이 좋지 않아 수액도 많이 맞을 수가 없었다. 색전술 시술 때까지만 해도 모든 수치가 정상이었는데, 임보자님은 그동안 자신이 놓친 부분이 있을 거라며 자책했다. 이런 순간이면 나 또한 스스로를 탓하고 끌어내리기를 반복한다. 임보자님만은 부디 그러지 않길 간절히 기도했다. 홍삼이는 방광에서 소변 빼는 것도 안 되고 있는 상황이라, 소변이 안 나오는 상태로 버티는 건 이틀에서 사흘 남짓일 테고 버튼 장치 다는 수술은 큰 수술이라 위험도가 컸다. 수술 중 사망 가능성도 열어 둬야 하고 장치를 단다고 해도 얼마 유지가 안 될 가능성이 높았다. 마음의 준비를 하자는 주치의 선생님의 말을 듣자마자 우린 모두가 말없이 울었다.

하지만 여기서 포기하고 싶지 않았다. 마지막 방법으로 방광과 신장을 연결하는 스텐트 삽입 수술을 하기로 했다. 수술이 끝나더라도 마취에서 깰 수 없을지도 모른다는 이야기를 들으니 피가 말랐다. 게다가 수술 시간이 예상보다 길어져 홍삼이 상태가 어떤지 걱정이 되기도 했다. 하지만 홍삼이는 이마저도 잘 버텨 내 주었다. 신장 하나는 결국 뚫지 못했지만 나머지 하나는 뚫었다. 수치를 보고 또 봐야 하지만 급한 불은 껐고, 향후 또 스텐트 삽입술을 재시도해야 하는 상황이 올 수도 있지만 홍삼이에게 기대할 수 있는 수명이 얼마 남지 않았다고 하더라도 보너스같이 얻은 오늘에 감사하기로 했다. 우리의 간절한 마음이 닿았는지 홍삼이는 오줌 배출도 잘하고 컨디션도 좋았지만 신장 수치는 오히려 상승했다. 수치가 내려가는 양상을 보이면 다행이지만 그렇지 않으면 신장에서 방광으로 가는 관 폐색을 해소시켰음에도 장기 기능이 돌아오지 않는 거라서 그 주를 넘기기 어려울 수 있다고 했다. 매 순간 큰 산을 마주하는 기분이었으나 무엇보다 홍삼이가 힘을 내 주고 있으니, 홍삼이를 믿고 싶었다.

그렇게 하루를 잘 버틴 홍삼이는 다음 날 아침, 소변이 만들어지지 않으면서 점점 혈압이 떨어졌다. 질 수밖에 없는 싸움에서 버티는 것 말고는 할 수 있는 게 없는, 그 마지막 싸움이 결국 홍시 때처럼 신장 때문이라는 것이 억울했다. 세차게 내리는 비를 뚫고 4시간 거리를 달려 임보자님이 도착할 때까지 홍삼이는 잘 기다려 줬다. 폐까지 무리가 가고 있는 상황에서 호흡이 점점 힘들어지는 홍삼이가 겪는 고통은 물에 빠졌을 때와 같을 거라고 했다. 숨이 멈출 때까지 이 고통을 느끼게 하고 싶지 않았다. 조심스레 안락사 쪽으로 의견을 모았고, 우리는 홍삼이와 진짜 마지막을 준비했다. 그렇게 홍삼이는 우리 모두와 눈을 맞추고 인사를 한 후에 고통 없이 편하게 눈을 감았다.

이별은 언제나 형언할 수 없는 고통을 안겨 준다. 홍삼이의 죽음은 수많은 사람들을 무너지게 만들었지만, 홍삼이가 남기고 간 따뜻한 마음은 여전히 선명하다. 시간이 흘러 임보자님은 홍삼이가 우리 품에서 눈 감을 수 있어서 차라리 다행이라고 했다. 병원 입원장이 아닌, 더러운 뜬장이 아닌, 낯선이의 품이 아닌, 홍삼이가 처음이자 마지막으로 가족이라 여겼던 사람의 품이었으니. 그거면 되었다는 생각이 홍삼이와 함께한 추억과 함께 우리를 다독여 주었다.

누군가에게는 가차 없이 버려진 생명이, 또 누군가에게는 어떻게든 살리려고 한 소중한 생명이었다. 내 수명을 나눠서라도 살리고 싶었다. 그리고 지금은 홍삼이의 마지막을 우리가 지켜 줄 수 있었다는 사실 하나로 위로를 느끼며 힘을 낸다. 지금까지 살린, 앞으로 살려야 할 생명들을 보면서.

⋮

"어떤 죽음도 가볍지 않다. 어떤 삶도 가볍지 않다."

PART · 3

애정하고 증오하는 사람들

_사람, 사람, 오 사람

1 · 함부로 말하는 이들에게 보내는 일침

- 유기견 애들 앞세워 감정팔이하는 거 그만 좀 해. 유기견을 돕는다면서 후원이나 뭐 제대로 해 봤니?
- 작은 품종견만 구조하는 게 구조자 맞니?
- 번식장 공개 왜 못 해? 공생 관계인가?
- 두푸딩 개, 번식장에서 개들 데려다 자기 펜션 홍보하고 모금하고 이후 다시 번식장에 데려다 놓는다고 난리였어요. 영수증 내역 공개도 못 해요. 모모가(132쪽 참고) 이슈 될 거 같으니 또 데리고 간다는 거겠죠?
- 두푸딩 또 여기 끼었군. 개들 데려다 모금하고 개 공장에 다시 데려다 놓는다고 하는 어처구니없는 여자애.
- 언제는 천사 코스프레를 하며 평생 도울 것처럼 얘기하더니 나 몰라라 손을 놨네? 그러니 애초에 능력 밖의 일은 하지 않는 게 나았지.

이런 이야기에 더하여 입에 담지도 못할 정도로 나를 비하하는 발언과, 두부와 푸딩이 그리고 가족에게까지 쏟아붓던 비난, 그들은 익명성 뒤에 숨어 손가락만 움직여 가십거리를 만들어 냈다.

10년이라는 세월, 구조 봉사를 해 오는 동안 어찌 꽃다운 이야기만 있었을까. 분명 잔혹 동화였던 때도 있었다. 수백, 수천 명의 응원이 있어도 한 사람의 칼날이 가슴에 꽂히면 끝도 없는 블랙홀로 떨어지는 순간을 마주하게 된다. 내가 느끼는 좌절감과 고통은 차치하더라도 이런 사람들이 많아지면 관심과 후원이 필요한 구조견들이 도움을 받기가 더 어려워지고 그럼 더 이상 구조가 힘들어진다.

동물판은 사람에게 질려 떠나게 된다는 말이 꽤 오래전부터 변치 않는 진리처럼 자리 잡고 있다. 이러면서도 아이들을 떠나지 못하는 스스로에게 끊임없이 질문을 던진다. "나는 언제까지 참을 수 있을까?" 질문을 던질 수는 있지만 스스로 답을 낼 수는 없다. 나는 그저 참고 또 참고 어디까지 버틸 수 있는지 보자는 마음으로 그냥 있는 것뿐이다. 나는 스스로가 생각하는 것보다 고통과 힘듦에 대한 한계치가 다른 사람보다 위에 있는 것 같다. 입시 강의를 할 때 맹장이 터진 줄도 모르고 그 고통을 견디며 이틀 넘게 수업을 하고 교재를 만들었다. 당연히 이 정도 아픔은 견뎌야 하는 거라 생각했다. 그땐 나의 전부가 제자들이었으니까. 지금은 내 아픈 결고운 천사들을 위함이 커졌기에 그냥 버틸 때까지 버티는 거다.

어릴 적에는 돈을 흥청망청 썼다. 5,000원이 넘는 커피를 하루에 두세 잔씩 마셔야 했고, 매일 택시를 타고 다녔으며, 옷을 사도 같은 디자인을 다른 색상으로 여러 번 살 정도로 낭비가 심했다.

그런데 두부, 푸딩이와 반려 생활을 시작하면서, 그리고 유기 동물의 아픈 모습을 알게 된 후부터는 예전과 같은 생활 방식을 접었다. 그 대신 매달 보호소 아이들에게 사료와 간식을 보냈다. 임시 보호 봉사를 할 때부터 임보견들의 병원비와 수술비를 내가 냈고. 구조 봉사를 시작한 수년 동안은 후원 모금 없이 온전히 내 돈만으로 적극적인 구조를 해 왔다. 20대 때 아무 보람 없이 쓰던 돈은 모두 아이들을 위해 사용했다. 돈이 아깝다는 생각은 전혀. 생명 살리는 일이어서 아주 보람차고 행복했다. 또 나는 성격상 공감과 이입을 굉장히 잘하는 편에 속한다. 아이들의 세상만 생각하면 숨이 막히고 잠을 잘 못 자기도 했다. 어쩌면 봉사를 하는 가장 큰 이유는 내 마음 편하자고 하는 게 맞는 걸지도 모른다. 이쪽 세상을 알게 된 이상, 외면하면 내 마음이 그만큼 무겁고 힘들 게 분명하니, 그렇게 세월 가는 줄 모르고 봉사를 했고, 이게 쌓여 어느덧 10년이 된 게 아닐까 싶다.

구조 봉사를 하는 동시에 사업장을 운영하는 내 입장에서는 후원과 관련해 억울한 면이 있다. 내가 한 후원 내역을 공개하면 "대놓고 자랑을 하냐?"면서 비난하고, 조용히 돕고 있으면 "구조 봉사를 한다고 떠벌리면서 후원은 제대로 하고 있는 거냐?"라면서 비난한다. 누구는 내게 구조할 자격이 없다 하고, 누구는 동물을 이용해 감정팔이하지 말라고 한다. 가끔 동물과 인간을 견주어 봤을 때, 인간만이 삶의 목적을 가지고 있는 유일한 존재라고 생각하는 우월주의자들이 동물에게 쓸 돈이 있으면 사람에게 쓰라고 말하기도 한다.

그런데 이렇게 말하는 사람은 그 자신이 동물에게든 사람에게든 진실된 마음으로 도움을 주고 있을까? 삶의 목적을 가진 존재? 대부분의 사람은 그런 거창한 것을 가지고 태어나지 않는다. 태어났으니 최선을 다해 성실하게 사는 것뿐이다. 과학 기술의 발달은 인간이 얼마나 위대한 존재인지를 입증하면서, 아이러니하게도 인간과 동물이 매우 흡사하다는 사실도 밝혀내고 있다. 동물행태학 연구들을 통해 동물의 종이나 생활 방식 등에 따라 차이는 있지만, '동물도 언어를 구사한다.', '이타적이고 희생하는 행동을 한다.', '먹이보다 애정을 갈구한다.', '자신의 행동을 합리화 한다.', '희로애락의 감정을 가지고 있다.', '기억력이 뛰어나다.' 등 다양한 '인간적인 특성'들이 있다는 사실이 입증되고 있다. 사실 따지고 보면 인간 또한 동물의 한 종일 뿐이다. 이렇게 인간과 동물 간에 교집합이 넓다는 것이 밝혀지고 그 범위는 점점 넓어지는 추세인데, 인간은 동물보다 상위 계급이라는 구시대적 발상으로 시작된 가치관을 가진 사람들을 마주할 때면 속이 답답해져 온다.

때로는 "두푸딩은 노견 구조를 외치지만 실제로는 노견을 구하는 게 아니다."라는 비난을 받기도 했다. 이 또한 오해다. 내가 구조하는 아이들은 대부분 공고상 10살이 훌쩍 넘은 아이들이 맞다. 다만, 구조 후 검사하고 보니 공고상 나이보다 어렸던 사례가 몇건 있었을 뿐이다. 겉으로 노견 구조라고 감정팔이를 하고서는 뒤편에서 어린아이들을 구조하는 것이 절대 아니다. 공고상 나이를 감안하면 시작부터 큰 용기를 내야 구조할 수 있는 아이들이었다. "너는 왜 작은 품종견만 구조해?"라는 말에는, 개인 구조라는 한계 때문에 아픈 선택을 해야 한다고 답할 수밖에 없다. 구조 후 아이들이 입양을 못 가게 된다면 마지막 품은 나여야 한다는 마음으로 지금까지 개인 구조를 해 왔다. 이것이 내가 생각하는 책임이었다. 그렇기 때문에 당연히 대형견이나 중대형 믹스견 아이들 구조는 힘들 수밖에 없었다. 한 달에 억 단위의 후원금이 들어오고 여기에 보호 시설까지 갖춘 단체라면 이런 선택을 할 이유도 없었겠지. 여기서 되묻고 싶다.

"선택적 구조는 하면 안 되는 걸까? 그것이 의미 없는 구조라면, 구조하지 말아야 할까? 이렇게라도 살리면 안 되나?"

내 질문에 사람들이 뭐라고 답을 하든 상관하지 않는다. 다만 나는 이렇게라도 살리고 싶었다. 세상에 의미 없는 구조가 어디에 있을까. 그들이 말하는 작고 예쁜 아이들도 보호소에서 죽을 날만 기다리며 남아 있던 노견들이었다. 내가 하는 일이 '쉬운 구조'라면 그 쉬운 걸 왜 본인은 안 하고 있을까. 왜 아무도 이 아이들에게 손 내밀지 않는 걸까. 왜 그들을 끝자락으로까지 내몬 걸까.

경남 번식장 아이들을 구조할 때의 일도 기억에 남는다. 나중에 알게 되었지만 그때 우리와 협력하려고 했던 단체는 모모 사건으로 문제를 일으켰던(138쪽 참고) 바로 그곳이었다. 그 단체는 번식장 철폐를 돕겠다며 주소를 공개하라고 했다. 대의 차원에서 보면 번식장의 뿌리를 잘라 내는 것이 맞다. 하지만 우리는 그러지 않았다. 아니 그러지 못했다. 그때 번식장의 존재를 알려 준 사람이, 우리가 이 일을 공론화하거나 번식장에 문제 제기를 하면 남은 아이들을 구조하는 일은 쉽지 않을 거라고 강조했기 때문이다. 우리는 이미 번식장에서 고통에 시달리고 있던 아이들을 직접 눈에 담았기에 이들을 외면할 수 없었다. 혹시라도 그의 말처럼 번식장 사업주가 문제를 일으키면 구조에 어려움이 있었을 테니까. 결국 우리는 그 단체에 주소 공개는 어렵다고 전달한 후 별도로 구조에 나섰고, 남아 있던 아이들을 모두 구해 냈다.

그런데 이 일련의 상황들을 제대로 알지 못하는 사람들에 의해 나는 번식업자와 손을 잡은 파렴치한 인간이 되어 그들의 입에 오르내리기 시작했다. 공생 관계? 그런 말을 하는 사람은 과연 내가 걸어온 길을 아는 사람일까? 후원 내역 또한 후원 전용 SNS 계정에 모두 증빙하고 있다. 모금과 후원금에 관한 부분은 기부 금품법에 위반되는 사실이 전혀 없을뿐더러, 다른 활동 상황들 역시 아무 문제가 없다는 변호사와 국세청 공무원의 답변을 받았다.

아마 쉽게 말하는 이들은 나를 오래 봐 온 사람이 아닐 것이다. 나를 10년 가까이 봐 온 수많은 사람들은 나를 신뢰해 주고 나와 같은 방향으로 함께 걸어가고 있지만, 본인과 맞지 않는다는 이유로 욕을 하고 허위 사실을 퍼트리는 몇몇 때문에 일선에서 열심히 구조하는 봉사자들이 상처받고 떠나기도 한다. 아이들이 누려야 할 세상이 늦어지는 이유는 다 우리 안에 있구나 싶기도 하다.

사실 이런 오해와 비난이 쏟아져도 나는 괜찮다. 어느 장단에 휘둘리지 않고 조용히 나의 길을 걸어왔다. 유기 동물 세상에서 아이들만 보고 걷기에도 충분히 힘들고 슬프기 때문에 사람으로부터 받는 상처에 동일한 감정을 느낄 여유가 없다. 무엇보다 나는 내 시간과 정성을 들여 아이들을 진심으로 돕고 있다고 자신 있게 말할 수 있으니, 그거면 되었다. 본인들은 과연 직접 현장에 나가 죽어 가는 아이들을 본 적이 있을지, 죽어 가는 아이를 살려 평생 가족을 만나게 해 주는 기적에 함께한 적이 있을지, 직업도 아닌 봉사로 이렇게까지 오랜 시간 할 수 있을지, 정말로 과연 지금의 내 위치에 있다면 단 1초라도 숨을 편히 쉴 수 있을지 궁금했다.

뜬장에서 버텨 내고 있는 아이들의 삶에 최소한의 죄의식과 아픔을 느끼고 있다면 가벼운 말은 멈추길 바란다. 그 멈춤이 안 되는 사람들은 나와 아이들의 세상에서 나가면 된다. 나를 끌어내리려 애쓰지 않아도 된다. 우리는 서로 다른 길을 가고 있고, 나의 시간은 당신의 헛된 힐난에 대응하기보다 더 가치 있는 일에 써야 하니까. 지금까지 그래 왔듯 아이들을 지키기 위해서, 살리기 위해서 나는 사람 필터 역시 내 신념 안에 두고 있다. 구조에 따른 피로감은 사람으로부터 증폭되어야 할 일이 아니다. 나를 오래 봐 온 분들은 내가 예민하고 까칠하고 성격도 괴팍한 걸 다 아실 거다. 그런데도 오랜 인연을 이어 가며 이 활동을 할 수 있었던 이유는 뭘까? 정도의 선, 상식의 선을 지키며 가기 때문이다. 그리고 감사하고 소중한 사람들에 대한 도리를 다하고 있기 때문이다. 그리고 무엇보다 중요한 것은 아이들 생명을 놓고 가볍게 행동하지 않는다는 것이다. 책임을 회피하지도 않는다. 이렇게 쌓아 온 시간과 정성 들이 내가 부족하더라도, 다른 이들이 나와 함께해 주는 이유라 생각한다.

·
·
·

"존경보단 존중받고 싶다."

2 · 그 행위는 범죄입니다

　　윤석남 작가는 내가 대학원 시절 한창 페미니즘 수업에 빠져 있을 당시 알게 되었다. 윤석남 작가의 「나무-개」라는 제목의 작품, 유기 동물 현실에 무지했던 나는 처음엔 작품을 담은 사진을 보고 그저 '와, 나무로 만든 개가 몇 마리야?' 하고 별 생각 없이 넘겼는데 유기 동물 봉사를 시작하고 그 작품을 다시 찾아보니 공감을 할 수밖에 없었다. 윤석남 작가는 유기견을 주제로 한 전시를 여러 차례 열었는데 첫 번째 전시는 「윤석남-1025 : 사람과 사람 없이」라는 타이틀로, 변덕스러운 사람들 때문에 쓰레기처럼 버려진 유기견들의 비명에 귀 기울였다. 그리고 「108마리 나무-개」라는 타이틀로 이루어진 두 번째 작품전은 유기견들의 영혼을 달래는 진혼제였다.

　　작가는 주로 페미니즘 작품을 보여 주었는데, 2004년 버려진 유기견들을 거둬 기르는 한 할머니를 만나고부터 유기견을 위한 작품을 만들기 시작했다. 여성을 다뤄 왔던 작가가 난데없이 웬

동물이냐고 주변에서 의아해하는 이들이 많았지만, 작가는 버려진 개들을 보듬어 안고 사는 할머니를 만났을 때의 놀라움과 깨달음을 사람들이 모두 함께 느끼길 원하게 되었고 이후 나무 개를 만드는 작업에 빠져들었다고 한다.

약간 음산한 기운마저 들던 이 작품 속 개들의 눈빛에는 사랑이 결여되어 있었고, 원망 그리고 분노, 나아가 삶을 포기한 듯한 느낌으로 가득했다. 작품을 통해 작가가 보여 주고자 했던 것은 단순히 유기견의 삶을 넘어 생명에 대한 일회성의 사랑, 인간성의 결여, 온전히 '나' 중심인 인간의 천박하고 잔혹한 모습이었던 것 같았다.

나는 원래부터 협소한 인간관계를 지니고 있던 사람이기도 했지만 반려견과 함께하고 유기 동물의 삶을 알고 나서부터 사람과 관계를 맺는 데 더 조심스러워졌다.

시간이 지날수록 이해의 정도를 넘어선 동물 학대범들, 우리가 세상의 전부였던 반려동물을 버리는 데에 온갖 이유를 붙여 면죄부를 만들어 죄책감을 더는 파양자들, 육견협회의 생명성 결여된 상식 밖의 시위 현장, 여전히 개가 몸보신에 좋다며 즐겨 먹는 사람들, 펫숍에서 생명을 돈 주고 사 와 자랑하는 사람들, 그를 보고 순간의 부러운 감정으로 펫숍을 향하는 사람들. 동물들과 함께하면서 사람에 대한 환멸감이 더 커졌다고 해야 할지, 사람에 대한 환멸감 때문에 동물들에 대한 마음이 더 커졌다고 해야 할지 모르겠다.

내가 본 극악무도한 사람들

이번 꼭지에서는 내가 환멸감에 사로잡힐 수밖에 없었던, 그간 내가 목도해 온 극악무도한 사람들에 관해 이야기해 보려고 한다. 온전히 동물들의 편에서 함께 바라보고 있는 내가 느끼는 부분이기에 분명 주관성이 존재할 것이다.

고양시 불법 번식장 구조 당시, 아이들 이동 시간을 놓고 농장주와 조율할 때 나누었던 이야기가 잊히지 않는다. 초등학생인 자신의 딸이 등교한 뒤에 와 달라고 하길래 이유를 물어보니, 번식장과 집이 붙어 있는데 혹여 딸이 지나가며 보게 될까 봐 걱정이 된다고 했다. 딸은 아빠가 불법 번식장을 운영하는 걸 모르는 눈치였다. 그저 길가에 돌아다니는 가여운 생명을 거둬 주는 정도로만 알고 있는 듯했다. 햇빛 하나 없는 환경 속에서 임신과 출산을 반복하고, 임신 기간이 아닐 때는 미용 실습견이 되어야만 했던 아이들. 수술이 긴급한 아이도, 평생 관리가 필요했던 아이도, 네 발로 걷지 못하는 아이도 있었다. 모두 분명한 학대였다. 그 아이들이 동물 단체로부터 구조되는 모습을 딸에게 보여 주기 싫었던 걸 테지. 농장주는 적어도 자신의 딸은 생명을 사랑하는 따뜻한 마음을 가진 사람으로 성장할 수 있도록 교육에 힘쓰고, 자기 자신은 다정하고 정의로운 좋은 아빠이고 싶었을 것이다. 생명을 학대하고 죽음에 이르도록 내모는 일이 사회뿐만 아니라 본인의 가족에게 과연 정당한 밥벌이로 인정받을 수 있을까? 잔인한 공급을 위한 무허가 번식장을 평생 운영 해 온 농장주가 딸에게 당당히 말하지 못했던 것은, 적어도 그는 자신이 해 온 일에 대해 부끄러움을 느꼈기 때문일 것이다. 어쩌면 그의 모습은 자신의 죄의식을 드러낸 양심일지도 모른다. 내가 그를 통해 보았던 것은 그런 죄의식이 동물에 대한 인식을 바꿀 것이라는 실낱같은 희망이었다.

수년 전, 광주의 한 불법 번식장 구조 당시 여러 구조 봉사자들에게 들은 충격적인 사실이 있다. 이 번식장을 운영하는 사람은 수의사였다. 동물의, 생명에 대한 존엄성을 누구보다 깊게 인식하고 지켜야 할 수의사가 말이다. 도대체 어떤 마음이면 가능할지, 아무리 이해를 해 보려 해도 비상식적인 발상에 공감이 되지 않았다. 오히려 그 수의사 농장주는 자신의 운영 방식에 자부심을 가지고 있었다고 한다. 뜬장을 설치하지 않아 아이들 관절에 무리가 가지 않도록 조치했고, 접종은 물론이고 내장 칩도 모두 심어 주었다면서 이를 마치 혜택이라도 베푸는 듯 이야기했다고 한다. 실제로 내가 그 번식장에서 구조한 아이의 내장 칩엔 '팅커벨'이라는 이름이 등록되어 있었다. 수의사가 무허가 번식장을 운영한다는 사실만으로도 머리에 피가 거꾸로 솟는 기분이었는데 더 충격적인 것은 이런 수의사가 더러 있는 현실이었다.

단체에서 활동하면서 겪은 최악의 입양자도 떠오른다. 번식장 구조 당시 나이가 적지 않았던 모견 포메라니안 아이를 입양한 사람이었다. 이미 강아지 한 마리를 반려 중이었고 입양한 아이를 '버터'라 부르며 행복하게 잘 사는 것 같았다. 그렇게 1년 반이 지났을까, 내 핸드폰에 등록되어 있는 입양자의 카카오톡 프로필 사진을 보니 얼마 전 쌍둥이 아이를 출산한 것 같았는데, 함께 있던 버터 사진이 사라져 있었다. 버터 전용 인스타그램 계정도 삭제된 것을 확인하고 나는 입양자에게 바로 전화를 했다. 입양자는 상담 스태프였던 나를 알고 있었음에도 버터의 파양 이야기를 너무나 덤덤하고 아무렇지 않게 얘기했다. 입양 후 버터는 배변이 미숙했고 분리 불안이 심했다고 한다. 본인이 부족한 것을 느끼고는 새로운 가족을 찾아 주기 위해 버터를 파양 카페에 보내 버렸다고 했다. 그곳은 신종 펫숍처럼, 반려동물을 파양하길 원하는 사람들이 돈을 지불하고 파양하는 곳이었다. 왜 우리에게 연락하지 않았느냐고 물었더니, 버터를 포함한 번식장 아이들 구조 당시 너무 힘들고 버거워 보였다며 차마 파양 일로 연락하는 게 미안했다는 이유를 댔다. 나는 입양자가 직접 작성한 입양 계약서를 보내 위반 사항에 대해 안내했고 버터는 단체 소속이니 당장 돌려보내라 했더니, 이미 3개월 전에 그 파양 카페에서 입양을 갔다는 터무니없는 말이 돌아왔다. 나는 버터를 보냈다는 파양 카페 대표에게 연락을 했고 사정을 설명했다. 다행히 대표도 일련의 상황에 대해 유감스러워하는 마음이었고 우리가 보인 당황스러운 감정에 공감해 주었다. 그는 자신의 카페가 여느 신종 펫숍과 같은 곳이 아니며, 위탁 보호소의 개념으로 아이들에게 진짜 마지막 가족을 찾아주려 하는 공간으로 운영 중이라고 했다. 일이 원만하게 잘 해결되길 바라는 대표의 의사도 충분히 내게 닿았고, 덕분에 그 카페를 통해 버터를 입양한 현재 가족과 연락이 닿을 수 있었다.

버터는 다행히도 좋은 가족 품에서 잘 지내고 있었다. 처음 분노에 휩싸였던 내 감정도 조금씩 사그라들고 있었다. 그 후 단체에서는 내부적으로 버터의 거처에 대한 논의를 시작했다. 버터를 파양한 이들에게 법적으로 문제 제기를 하려 했지만 사실은 그럴 여유도 없었다. 버터는 현재 안정적으로 잘 지내고 있고 현재 입양 가족 또한 이런 상황에 대해 알게 된 후 우리와 원활히 소통하려는 모습을 보이며 버터를 끝까지 책임지겠다 말했다. 그럼 된 거라는 결론에 닿았다. 하지만 나는 파양자가 자신이 한 일에 대해 어떤 방법으로든 도의적 책임을 다하길 바랐다. 그래서 버터의 건강 검진 시기가 되었으니 직접 비용을 지불하고 검진을 진행할 수 있게 해 달라고 요청했다. 버터의 검진은 서울의 2차 병원으로 예약을 했고 검진 당일 파양자와 현 입양자 다 함께 만났다. 파양자는 출산 직후라 조리원에 있어 남편만 참석했다. 와이프가 죄책감에 계속 울고 있다며 사과의 뜻을 전했으나 나는 절대로 이 일에 대해 잊지 않길 바란다고 말했다. 두 아이의 부모가 되었으니, 부디 아이들을 위해서라도 다시는 생명 앞에서 부끄러운 선택과 행동은 하지 말아 달라 부탁했다.

변질된 애정과 관심

어느 교육학자는 "아이가 이상해요? 문제 행동을 하나요? 부부가 서로를 바라보면서 서로가 원인이라고 생각하고 문제에 접근하면 더 쉽게 해결할 수 있습니다."라고 말했다. 훈련사도 이 말을 동일하게 적용시키지 않을까 싶다. 반려견 문제를 다룬 「개는 훌륭하다」, 「세상에 나쁜 개는 없다」나 육아 문제를 다룬 「금쪽같은 내 새끼」 같은 프로그램을 보면 공통점이 있다. 대부분 문제 행동은 함께 생활하는 가족들의 무관심과 부적절한 행동에 기인한다는 것이다. 버터가 파양자 가족과 함께 지내는 것이 불행하다는 이유는 결국 그들로 인한 문제였고, 그들만의 이기적인 합리화였다. 우리가 판단했을 때 그들이 버터를 냉정하게 포기한 이유는 임신과 출산 때문이었다. 그래서 결국 본인이 원래 키우던 강아지와 출산한 자녀들만 지키게 된 게 아닐까 싶다. 극한의 상황에 이르렀을 때 가장 먼저 포기하게 된 것이 버터였다는 사실에 속상하고, 평생을 번식장 모견으로 살다 힘들게 구조된 버터에게 하염없이 미안했다. 아이들에게는 아무런 잘못이 없다. 생명에 대한 존엄성과 책임의 무게를 느끼지 못한 사람 때문에 파생된 비극일 뿐이다.

번식장에서 온 미용학원 실습견 아이들 구조 당시 때도 나는 책임감이 결여된 인간에 대한 환멸감이 최고조에 달했다. 실습견 아이들 대부분 상태가 엉망이었고 그중 가장 응급을 요했던 노견 아이가 있었다. 유선은 아이 머리 크기만 한 종양 때문에 피부가 다 늘어나 구멍이 나 있고 피진물이 흐르고 있었다. 그걸 본 봉사자님은 미용학원 원장에게 진료를 요청했지만 이미 진료를 봤고 더 이상 해 줄 수 있는 게 없다는 말만 돌아왔다고 한다. 우리는 며칠을 고민하다 도저히 아이의 상태를 보고 외면할 수가 없어 근처 병원으로 데리고 가 진료를 봤다. 유선 종양과 자궁 내 종양으로 판단되어 모두 다 적출해야 하는 상황이었다. 혈액 검사 결과 역시 염증 수치가 높았고 빈혈도 있었으며 신부전 1기 정도의 상태였다. 너무나 고통스러워하는 이 아이가 만약 수술을 받지 못한다면 피고름과 진물은 죽어서야 멈출 것이다. 사는 평생 저 피진물을 흘

미용 학원 아이들은 이렇게 갇힌 채 방치되어 있었다.

리며 살아야 하고 염증이 커지고 면역이 더 떨어지면 괴사가 시작될 거고, 시름시름 앓다가 뜬장에서 생을 마감할 게 뻔했다. 누구에게라도 구조되길 바라는 마음으로 이름을 '구조'라 지었다.

성대 수술이 된 채 유선 종양에 구멍이 뚫려 말할 수 없는 고통을 갖고 겨우 넘어온 곳이 미용학원의 뜬장이라는 게 참 슬펐다. 더 경악스러웠던 부분은 그렇게 아파 보이는 몸으로 멀끔히 미용까지 되어 있는 구조의 모습이었다. 그 몸으로 털이 밀리고 목욕을 억지로 당했을 거라 생각하니 끔찍했다. 우리는 구조를 위한 것이 무엇일까 고민했고 일단 고통을 그만 느끼게 해 주는 것이라 생각했다. 당장 구조에게 필요한 수술을 하기 위해 서울의 2차 병원으로 이동했다. 빈혈이 있어 수술 전부터 수혈을 진행하면서 들어갔고 수술 시간은 2시간이 넘었다. 구조의 난소와 자궁 내에도 종양이 있어 모두 제거했고 유선 종양 또한 모두 제거했다. 종양 조직 검사 의뢰를 보냈지만 보통 3센티미터 이상의 종양은 100퍼센트 악성이라고 했다. 검사 의뢰 결과도 역시나 악성이었다. 안타깝게도 아이는 이미 림프 전이까지 된 상태였다. 이것은 암이 온몸에 퍼져 있고 이 암이 어디까지 얼마나 퍼졌는지 알 수 없는 상태라는 것을 의미했다. 이 말은 곧 제거 또한 의미가 없고 앞으로 항암 또한 의미가 없다는 뜻이기도 했다. 내가 구조해 수술을 진행시킨 이유는 생명 연장이 아니라 조금이라도 삶의 질을 높여 주자는 것이었다. 림프 전이가 있다 하더라도 갑자기 악화되거나 죽는 것은 아니니, 노견이기에 전이 속도도 느릴 거라, 앞으로 구조가 언제까지 살지 모르지만 단 하루를 살더라도 편히 살아 주길

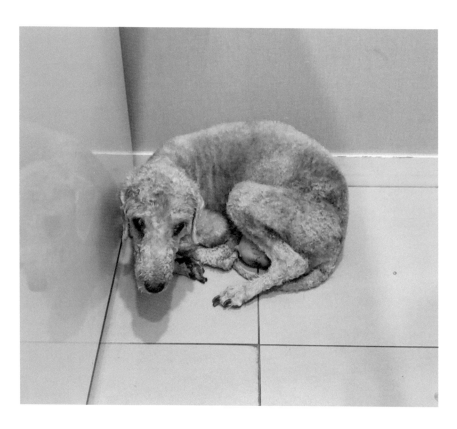

미용학원에서 구조한 '구조'

바라는 마음뿐이었다.

퇴원 후 갈 곳이 없는 구조가 몸도 회복하지 못한 채 뜬장으로 다시 돌아간다는 생각만 하면 매 순간이 좌절이었다. 산책 매너도 좋고 친구 강아지들과도 잘 지내고 사람을 얼마나 따르는지 안아 주면 안아 주는 대로 잘 안겨 있고, 눈만 마주치면 발라당하며 애교 부리는 모습만으로도 마음이 먹먹해져 오는데, 구조는 기특하게도 큰 수술을 잘 받고 회복까지 빨랐다. 10년이 넘는 긴 시간을 번식장 모견으로 지내 온 구조. 자신의 몸에 그 세월만큼 큰 고통이 고스란히 남겨져 있었음에도 구조는 힘들게 버텼고 기적 같은 순간을 만들어 냈다. 이 기적이 여기서 멈추지 않도록 구조가 머물 자리 하나를 찾아 주기 위해 열심히 구조의 이야기를 알렸다.

그때 봉사자님을 통해 미용학원 원장님과 이야기를 나누게 되었다. 나의 글로 인해 미용 학원에 대한 이미지가 실추된다는 내용이었다. 원장님의 요지는 이러했다. 본인은 동물을 너무 사랑해 애견 관련 사업을 하게 된 것이고 이 마음 때문에 펫숍, 개인, 농장에서 버린 아이들을 받아 주다 보니 학원에 아이들이 많아졌다고 한다. 입양을 보내려고 해도 사람들과 경쟁 업체의 시선이 곱지 않아서 현실적으로 어려웠지만 아르바이트를 고용하여 관리하고 에어컨과 난방기를 가동해 환경 개선을 위해 지속적으로 노력해 왔다는 것을 강조하며 말했다. 본인의 마음과 달리 이미지가 좋지 않게 흘러가는 것은 실제와 다르니 내게 글의 내용을 수정해 달라 요청했다.

하지만 나는 불응했다. 환경 개선을 했다고 하지만 그건 개선이 아니라 당연히 해야 하는 조치였다. 게다가 원장은 또 번식장에서 블랙푸들 두 마리를 데려와 키우다가 이 아이들을 모두 학원 실습견으로 활용했다. 이런 사정을 뻔히 아는 나로서는 원장의 주장을 받아들일 수 없었다. 그는 스스로 동물을 좋아하고 애틋한 연민의 정을 갖고 있다고 생각하겠지만 그건 착각이다. 그는 여전히 자신이 자격 미달이라는 것을 알지 못한 채 아이들을 끊임없이 데려올 것이고, 개체수가 늘어나면 또 변명을 내세우며 무지에서 비롯된 2차 학대를 가할 것이 분명했다. 무엇보다 제대로 된 치료와 케어를 받지 못해 구조처럼 방치되다 죽어 가는 아이들이 있을 거라 생각하니 이 흐름을 여기서 근절시킬 수밖에 없었다.

동물을 좋아하는 사람은 너무나 많다. 하지만 그들 중에서 아이들을 가족으로 생각하고 끝까지 함께할 수 있는 사람은 과연 몇이나 될까? 상당수는 동물을 그저 예쁜 인형으로 생각해 가지고 놀다가 짐이 되면 키우지 않는다. 동물을 좋아하는 사람이 시작하지만 결국엔 동물을 좋아한다고 했던 사람이 동물을 버리게 되는 그 애정과 무책임의 교집합, 모순의 상황이 되는 것이다. 반려동물에게 일어나는 모든 일들은 결국 동물을 좋아하는 마음에서 초래된다. 애초에 동물에 관심이 없거나 싫어한다면 손 내밀 일도 없을 테니까. 이런 사건과 사람을 겪을 때마다 나는 '차라리 동물을 좋아하지 않았다면 시작도 하지 않을 텐데.' 하는 생각이 든다. 동물을 학대하는 것도, 버리는 것도, 방치하는 것도 모두 처음에는 동물에 대한 애정과 관심에서 시작되었다가 이윽고 변질되는 결과라는 것이 안타까울 뿐이다.

구조는 이후 평생 가족을 만나 늠름하면서도 애교가 넘치는 강아지가 되었다.

3 · 아이들의 세상을 따뜻하게 하는 수의사

　반려 생활을 시작하면서 자연스레 지인들과 모일 때면 동물 관련 이야기를 하게 된다. 그때마다 나는 늘 기술적인 어려움으로만 따지면 수의사가 사람 보는 의사보다 훨씬 힘들 거라는 이야기를 하곤 한다. 동물은 사람과 다른 언어 체계를 가지고 있는 데다가 동물의 범주는 너무나 넓기 때문이다.

　수의학과 과정은 6년이다. 그런데 6년 만에 자격증을 딴 사람이 고슴도치부터 코끼리까지 치료할 수 있다는 건 불가능해 보였고, 이런저런 수술들을 한다는 것 자체가 근본적으로 힘들다고 생각했다. 사람을 상대로 하는 의사는 의대 6년을 다닌 후에 의사 자격증을 따도 바로 개업하는 경우는 거의 없다. 개업을 한다 해도 그 병원에 사람들이 갈 리가 없을 테니 말이다. 그래서 레지던트를 거쳐 전문의가 되고 그 이후에 어느 정도의 경험을 쌓아야 신뢰할 만한 의사 선생님이라는 소리를 듣는다. 사람의 신체 부위 중 특정 기관이나 부위만을 집중적으로 연구하고 보는 데에도 그렇게 오랜 시간 수련의 과정을 거친다. 하다못해 운전면허증을 딴 다음에도 연수를 제대로 받아야 비로소 운전을 하게 될 수 있는데 생명을 다루는 일은 오죽할까.

그런데 수의사는 어떨까? 반려동물 가구가 급증하면서 요즘 더더욱 동물병원이 급격히 늘어나고 있는데 수의사를 보면 대부분 젊다. 6년 의대를 마치고 병원에서 페이닥터를 몇 년 하다가 개업 하는 경우가 부지기수이기 때문이다. 살갑고 친절한 미소를 탑재 한 수의사들은 많지만, 나는 우리 아이들이 노령에 접어들수록 점 점 신뢰가 가지 않게 되었다. 그래서 대학병원에서 한 분야만 집 중적으로 보면서 연구한 사람을 찾게 되는데 쉽지 않은 게 현실이 다. 개업한 병원은 전문병원이라는 간판을 달고 2차 병원 수준 정 도의 치료비를 받는 곳도 많다. 동물 보험이 활성화되고 있는 추 세라고 하지만, 이미 지나치게 높은 비용과 보험 적용 범위가 제 한적이기 때문에 보호자는 막대한 치료비라는 큰 벽과 마주하게 된다. 그 벽이 벅차고 힘들지만 반려동물이 아프면 치료만 해 줘 도 고맙겠다는 생각이 간절히 든다.

노견 구조를 하고 또 이 아이들을 치료하는 동안 나는 문득 우 리나라의 수의사 양성 시스템에 의문이 들기 시작했다. 결국 경험 과 지식의 습득만큼 실력이 쌓일 수밖에 없는 일인데, 내가 돈을 내면서 내 반려동물이 그들의 임상을 위한 실험견이 되고 있는 것 같은 회의감이 들 때도 있었다.

나뿐만 아니라 반려동물을 키우는 사람들 대부분에게 동물이 란 대체 불가능한 생명인데, 법에서는 대체 가능한 물건이라고 한다. 동물을 물건처럼 대하면 안 되고 함부로 대하면 안 된다고 가르치는 일이 옳은 것 같은데, 그게 비정상적으로 보이기도 한다. 반려동물 천만 시대에 우리나라 법에서 동물은 여전히 대체 가능한 물건이다. 그래서 동물 상해 사건이 발생해도 물건값에 상응하는 배상을 하면 그걸로 끝이다. 특히나 동물병원 의료 사고로 죽음에 이른 피해 사례들이 점점 많아지고 있는데도 병원의 책임 한계 범위는 극히 제한적이다. 내 주변만 해도 의료 사고로 의심되는 정황이 여럿이고 이에 대한 재판을 이어 가는 보호자도 있지만 우리나라 동물보호법상 보호자들의 억장만 무너지는 상황의 연속이다. 가족이 죽었는데 수의사는 합의해 주겠다며 무심히 이야기를 한다. 더 어리고 건강한 혈통 있는 개를 준다는 수의사도 있다고 했다. 어차피 개에 대한 값만 지불하면 그만이고, 혹여 소문이 나쁘게 돌더라도 다른 곳으로 가서 이미지 세탁하고 새로 개원하면 그뿐이란다. 가족을 잃은 보호자만 억울하다. 이런 비정상적인 상황들을 겪다 보니 동물병원에 대한 경계는 더 높아졌다. 수의사에 대한 거리두기 또한 유지할 수밖에 없었다. 동물들을 단순히 사업 대상으로만 보는 것이 아닌, 대체 불가능한 생명으로 여기는 수의사, 조금은 더 나와 결이 비슷한 수의사를 원했다. 동물의 생명을 살리는 데에 직결된 직업이기에 능력뿐만 아니라 동물에 더 특별한 연민을 지닌 수의사가 존재해야 한다고 생각했다. 그런 혼란의 시기에, 오랜 시간 구조견들의 치료를 맡아 주고 계신 예은동물병원, 앙리동물병원, vip동물병원의 원장님들과 여러 선생님들을 만났다는 것은 정말 든든하고 여러모로 다행스러운 일이 아닐 수 없었다.

그러던 어느 날, 한 봉사자가 사진 한 장을 전송했다. 경남 마산에 위치한 산골 마을, 나이 많은 할머니께서 떠돌이개를 위해 집 앞에 사료를 조금씩 부어 줬는데 들개들이 정착하더니 걷잡을 수 없이 늘어나기 시작했다고 한다. 순식간에 20마리가 넘어 버렸고 어디서 피부병을 옮아 온 건지 영양이 좋지 않았던 건지 무더기로 피부병까지 걸려 있었다. 창원의 정 메디컬 동물병원 원장님께서 이를 발견했고 처음엔 피부병 치료만 도와주려고 했는데, 치료하는 중에도 아이들이 번식을 했고 결국 모든 아이들에 대해 중성화를 진행하고 동물 등록까지 해 주셨다. 할머니께서는 여전히 그저 동물들을 사랑하셔서 밥만 주셨고 애들은 밥을 얻어먹고 무리 지어 다녔다. 서열에서 밀려난 아이들은 도망 다니다 교통사고로 다쳐 보호소에 들어갔고, 또 다른 아이들은 떠돌아다니다가 보호소에 붙잡혀 들어갔다. 동물 등록이 되어 있다 보니 불행 중 다행스럽게도 연락이 와서 돌아올 수 있었다.

보통 이런 들개 믹스 아이들은 보호소에 들어가면 기회조차 주어지지 않고 살처분된다. 들개라는, 믹스라는 이유로 주변인들에게 멸시와 핍박을 받으며 환대받지 못하는 삶을 산다. 내가 겪어 본 바로는 그 누구보다 건강하고 다정다감하며 멋진 아이들이었는데도 불구하고 편견으로 가득한 현실은 이렇다. 문득 동물과 공존한다는 것이 무엇인지 생각하게 된다. 이렇게 순한 아이들에게조차 대형견이고 믹스견이라는 이유로 곁을 주지 않는 사회에서 과연 동물과 공존하는 삶이 가능할까? 동네에서 사람을 피해 다니며

당시 할머니 댁 상황

사는 떠돌이 개나 뒷골목을 배회하는 길고양이조차 보는 것만으로도 불쾌하고 무섭다며 잡아가 달라고 민원을 넣는 사회에서 말이다. 그렇게 전부 포획해서 살처분하는 작태는 너무 이기적이고 야만적이다. 우리가 생각하는 공존은 대체 무엇일까? 사람에게 해를 끼치지 않는 떠돌이 개들도 받아들이지 못하는 사회에서 멸종 위기에 처한 동물은 어떻게 보호할 수 있을까?

이런 암담한 현실에서 원장님은 아이들에게 한 줄기 빛과 같은 존재였을 것이다. 사고를 당한 아이들은 원장님께서 모두 수술과 재활까지 진행해 주셨지만 다시 사는 곳에 데려다 놓으면 또 사고로 혹은 붙잡혀서 돌아올 게 뻔했다. 그렇게 결국 하나둘씩 아이들이 동물병원에서 함께 지내게 되었는데, 산 전체를 활보하며 자유롭게 돌아다니던 아이들이 제한된 공간에서 지내야 하는 걸 보니 안타까웠던 모양이다. 믹스견이라 세상의 관심도 적고, 이슈가 될 만한 어떤 슬픈 사연도 없지만 아이들을 위해서라면 무모한 도전을 할 수밖에 없다는 마음으로 원장님은 도움을 요청하셨다. 우리 또한 아이들 하나하나 프로필 작업을 하여 해외 입양을 보내기 시작했다. 개체수가 많다 보니 개별 특성을 파악하기가 힘들어 한 마리씩 위탁 교육을 진행해 성향 파악을 한 뒤에 추진할 수 있었다. 해외로 하나둘 출국을 시킬 때마다 믹스견, 대형견, 장애견에 대한 우리나라의 인식 수준이 원망스러웠다. 하나같이 모두 멋지고 똑똑한 아이들인데, 우리나라에서 가족을 찾을 기회를 얻지 못한 채 긴 비행에 올라 가족을 찾으러 떠났다. 얄팍한 편견 때문에 아무에게도 선택받지 못한 안쓰러운 아이들을 위해 진심으로 기도 했다. '한국에서의 시간은 모두 잊어. 기억하지 말자. 도착하면 하루빨리 적응해 마음껏 너의 세상을 누리렴. 이렇게밖에 돕지 못해 정말 미안해.'

떠돌이 개 무리 중 한 녀석이었던 믹스견 '라떼'는 얼마 전 미국으로 입양 간 검정개 럭키의 딸이었다. 원장님께서 임신한 럭키를 직접 집으로 데리고 와 주셨고, 럭키는 일곱 아이를 낳았다. 나머지 동배들은 작게 태어나 모두 국내 입양을 갔지만, 가장 건강하고 크게 자란 라떼는 후순위가 되었다. 나는 라떼 역시 해외 입양을 위해 프로필 작업을 진행하고자 창원의 병원에서 양평 핏어팻홈으로 데리고 왔다. 병원에서 지내면서는 프로필 작업이 힘들뿐더러 해외 입양을 위해서는 가정생활이 필수적이었기 때문이다. 라떼와 함께한 두 달 가까운 시간 동안 조금씩 확실해진 생각은 '라떼가 충분히 국내에서도 멋진 가족을 만날 수 있지 않을까?' 하는 점이었다. 작은 소형견이 아닌 대형 믹스견은 현실의 벽이 높다는 것을 10년 동안 구조 봉사를 하며 누구보다 잘 알고 있지만, 라떼는 편견 가득한 국내에서도 입양이 가능하다고 여겨질 만큼 뛰어난 강아지였다. 지금까지 겪은 아이들 중 케어가 이렇게 편한 아이가 있을까 싶을 만큼 라떼는 손이 가지 않고 멋진 아이다. 나이에 비해 텐션도 낮고 얌전해서 가끔 존재감을 잊는 수준이랄까. 실내 배변 성공률 100퍼센트를 자랑하고 실외 배변도 아주 잘한다. 양치질마저도 잘하고 뽀뽀쟁이에 발라당하며 드러눕기 시전을 보여 주는 라떼를 보면 모두들 쓰러졌다. 못난 구석을 어떻게든 찾아보려 해도 라떼에게는 그 어떠한 단점도 없었다. 누구에게는 적지 않은 사이즈와 믹스견이라는 게 단점일 수 있지만 우리에게는 든든하게 안기는 맛이 더 특별하게 좋은, 조금 더 크고 귀여운 하얀 강아지일 뿐이다. 그렇게 라떼의 해외 입양을 호기롭게 포기하고 국내에서 가족 찾기 여정을 시작했다.

그 무렵 라떼를 임보하다가 입양까지 희망하던 가정이 있었다. 이것저것 재지 않고 더 힘든 아이들에게 손 내밀어 주려던 감사한 가족. 도심이지만 넓은 마당을 가진 집이고 사람이 항시 집에 있는 곳. 완벽했다. 하지만 가장 큰 문제는 예상하지 못한 곳에서 나타났다. 라떼는 그 집의 어린 자녀를 극도로 무서워했고 대부분의 시간을 식탁 밑 구석에 숨어 나오지 않았다. 어른 구성원에게는 뽀뽀도 하고 주는 밥도 잘 먹어서 적응을 끝냈다고 여겼지만 이상하게 아이 구성원과는 맞지 않았다. 내가 아는 라떼의 성격을 봤을 때 이건 적응한 게 아니었다. 입양 희망 가족과 상의 후 고민 끝에 라떼를 데리고 오기로 결정하고 나는 바로 출발했다. 집으로 들어가니 쇼파 구석에 있던 라떼는 나를 알아보지 못한 채 망부석이었다. 조심스레 가까이 다가가 손을 내미니 라떼는 조금씩 냄새를 맡다가 나를 알아보았는지 신나게 반기며 온 집안을 날아다니기 시작했다. 입양 희망자는 라떼의 이런 모습을 처음 보았는지 신기해하며 영상으로 남기기까지 했다. 그리고 우리에게 미안하다고 하셨다.

라떼가 이 집에서 문제를 일으킬 일은 절대 없으리라고 믿었지만 문제는 라떼가 아니라 가족 구성원이었다. 나는 라떼의 입장에서 편하고 행복한 삶이 중요하다고 생각했고 결국 라떼를 데리

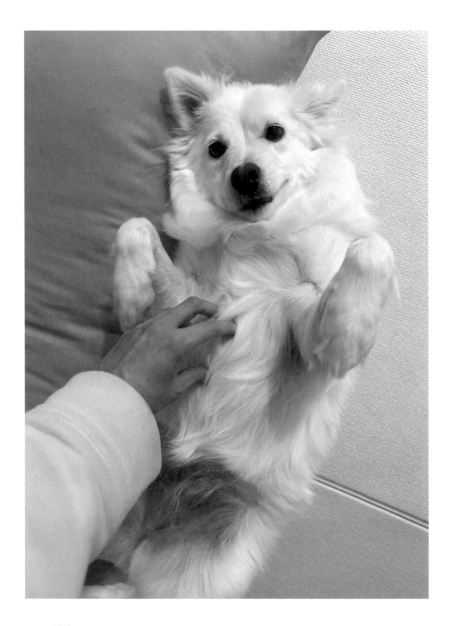

라떼

고 돌아왔다. 하지만 라떼의 삶이 그 지점에서 끝난 것은 아니다. 조금은 돌고 돌았지만 결국 라떼는 자신과 결이 맞는 평생 가족을 만나게 되었다. 모든 구조견들의 입양 상담 때 고심하는 것은 아이들과 가족 구성원 간의 합이다. 물론 이것 외에도 고려해야 할 조건들은 많다. 적절한 영양 공급은 거론할 필요도 없는 당연한 일이고, 아플 때 확실하게 의료 지원을 해 줄 수 있는가 하는 점도 살펴야 한다. 하지만 이런 다양한 조건을 상담만으로 모두 알 수는 없다. 그저 오랜 시간 구조 활동과 입양 상담을 하면서 터득한 나만의 감, 나만의 판단력을 믿고 갈 수밖에 없다. 아이들에게 결국은 행복과 평온만을 줄 수 있도록 말이다. 그렇게 나의 감과 판단력은 새로운 가정을 찾았고, 눈부시게 예쁜 라떼는 새 가족 품에서 지금보다 더 행복해질 일만 남았다.

그렇게 국내에서 좋은 가족을 만난 라떼와 더불어 함께 구조된 레아와 수수, 버디라는 아이들도 좋은 평생 가족을 만났다. 이것이 계기가 되었는지 원장님은 남은 아이들의 국내 입양에도 욕심을 내 보고 싶어 하는 눈치였다. 나는 그것이 동물을 사랑하는 사람들의 어쩔 수 없는 특성이라고 생각했다. 조금 달리 표현하자면 '우리가 차마 거부할 수 없는 운명'이라고 할 수도 있겠다. 이 세계를 잘 모르는 사람들에게는 다소 거창하게 들릴지 몰라도, 나는 그 표현이 가장 알맞다고 생각했다. 그래서 우리는 지금도 여전히 아이들의 가족 찾기 프로젝트를 진행 중이다. 더디더라도 아이들과 결 맞는 마지막 가족을 찾기 위해 끝까지 함께할 거라는 우리의 다짐과 자세는, 아이들을 살려 준 수의사 선생님께 보답하고 싶은 마음이기도 하다. 또 동물을 그저 상업적인 대상으로 보는 수의사가 아닌 동물들에게 마음이 뜨겁게 울리는 수의사를 알게 된 것에 대한 기쁨의 표현이기도 하다. 병원을 찾아갔는데, 원장님이 고양이 사료 한 포대를 짊어지고 병원 문을 나서는 걸 봤다. 근처 대학교의 길냥이들 밥을 챙겨 주러 가는 길이라고 한다. 그의 존재로, 아이들의 세상이 1도는 더 따스해졌음이 분명하게 와 닿았다.

세상을 따뜻하게 하는 수의사가 있는 창원의 정 메디컬 동물병원
경상남도 창원시 성산구 마디미서로 4 2층, 055-264-5959

4 · 보호소 천태만상

　국내의 유기 동물 보호소는 크게 둘로 나뉜다. 지자체에서 직접 운영 혹은 민간단체에 위탁해 운영하는 지자체 동물 보호소, 동물 보호 단체 혹은 개인이 운영하는 사설 동물 보호소다. 이 중 지자체 동물 보호소에서 보호하는 동물들은 공고 후 10일이 되면 보호소에서 안락사 처분이 가능하다. 늘어나는 개체수를 보호소가 감당하기 어려운 것이 가장 큰 이유이다.

　지자체 위탁 보호소에서 하는 관리와 운영 방식은 미흡한 점이 많았고 과거부터 현재까지 여러 차례 논란의 중심에 놓였다. 실례로 한 유기 동물 보호소는 보호한 동물보다 죽인 동물 수가 더 많았다. 유기 동물 구조 신고를 받고도 적절한 조치를 취하지 않은 보호소도 있었다. 주민들이 학대를 당한 것으로 생각되는 유기견을 신고했는데도 보호소 관계자는 "퇴근 시간이 다 됐다. 통상적으로는 사람들이 개를 구조해서 보호소로 데려 온다. 다친 개는 어차피 구조해도 안락사에 처할 수밖에 없다." 이런 핑계를 대며 구조를 미뤘다고 한다.

한 단체의 제보로 알려진 경남의 한 보호소에서는 보호 기간 동안 80퍼센트의 동물이 자연사로 폐사하는 일도 발생했다. 안락사보다 자연사 비율이 더 높다는 것은 상식적으로 이해가 되지 않는 부분이었지만, 보호소가 정보 공개에 협조하지 않아 이 의문을 해결하지는 못했다. 또 어떤 보호소는 태어난 지 얼마 안 된 강아지들을 유기 동물 공고에 올리지도 않고 안락사를 했다가 적발되기도 했다. 전남의 보호소에서는 마취제를 투여하지도 않고 개 스무 마리를 불법으로 안락사를 시켜 논란이 된 바도 있다. 동물보호법상 유기 동물은 공고 기한 10일이 지나야 안락사를 할 수 있다. 이마저도 다른 동물이 볼 수 없는 별도의 장소에서 마취제나 진통제를 투여한 뒤 신속하게 진행하도록 되어 있는데, 이를 지키지 않는 일이 비일비재하다. 안락사가 아닌 고통사에 이르도록 한 것이다. 이를 고발한 단체에서 말하길, 다른 동물들이 보는 앞에서 새끼 강아지를 무자비하게 안락사시켰다고 한다. 또한 트럭 한쪽에 개의 사체를 담아 놓은 포대를 실어 놨는데 그 안에는 피를 흘리며 죽어 가고 있는 새끼, 이미 죽은 새끼들이 뒤엉켜 있었다고 말해 모두를 경악하게 만들었다. 이 같은 지자체 유기 동물 보호소의 동물 학대 정황과 열악한 환경을 비판하는 목소리가 이어졌다. 지자체가 직접 운영하는 보호소는 그나마 사정이 낫지만 수십 곳에 불과할 뿐이고, 나머지 수백여 곳의 보호소는 민간이 지자체로부터 위탁을 받아 운영하고 있다. 위탁 보호소가 더 문제인 이유는 위탁 업체 선정 과정이 워낙 허술하게 이뤄지다 보니 개장

수와 번식업자가 보호소 소장으로 선정되는 경우가 적지 않기 때문이다. 동물 보호소를 돈벌이로 이용하는 업자가 늘어나면서 사회적 문제가 발생하고, 이들 대부분이 폐쇄적으로 운영하다 보니 민원을 넣어도 사정이 크게 바뀌지 않는다. 이 때문에 위탁 보호소를 시군 직영으로 전환하여 유기 동물 관리와 보호의 책임 주체를 확실히 해야 한다는 목소리가 많아지고 있다.

매달 한 번씩 봉사를 다니던 보호소에서 발생한 일이다. 마지막 가는 길까지 비참하게 떠나간 아이의 이야기는 보호소에서 일어나는 사례 중 극히 일부일 뿐이다. 실제로 이런 부도덕하고 불합리한 일이 얼마나 많은지 우리는 알지 못한다. 보호소의 한 아이가 금방 숨넘어갈 것처럼 힘겨워하고 있었다. 봉사자가 급히 보호소 직원에게 병원으로 가야 할 것 같다고 말하니 직원은 욕을 하며 "개가 먼저냐? 사람이 먼저지. 나는 밥 먹으러 갈 거다."라고 말하며 그대로 방치했다. 한참이 지나 마지못해 아이를 병원으로 이동하던 중 아이는 결국 별이 되었고 다시 보호소로 돌아왔는데, 이후 직원의 행동 역시 문제가 되고 말았다. 해당 직원은 죽은 아이가 들어 있는 케이지를 들고 냉동고 앞에 가서는 케이지에서 아이의 목덜미 끝만 겨우 잡고는 혼자 욕설을 내뱉으면서 냉동고로 휙 던졌다. 이 모습을 본 많은 봉사자들은 분노했다. 죽은 아이를 만지는 게 그렇게도 싫었던 걸까. 밥 먹어야 하는데 병원에 가 달라고 부탁을 한 것이 그렇게 욕을 할 정도로 화가 났던 걸까. 그 화가 풀리지 않아 죽은 아이에게 푼 것일까. 이 비인간적인 행동을 우리 모두가 보는 앞에서 했다는 것에 더 화가 났다. 생명이 죽었는데 어떻게 그렇게 짐짝처럼 던져 버릴 수 있을까. 숨넘어갈 정도로 고통스러워하고 귀에는 진드기가 가득 차 있고 혈변과 혈뇨까지 보고 있던 아이. 일분일초가 급해 보였던 아이에게 아무것도 해 주지 못하고 너무나 아프고 외롭게 떠났는데, 보호소 직원은 그 마지막까지 비참하게 만들었다. 시 차원에서도 그동안 이곳에 시정 조치를 여러 차례 내렸지만 제대로 지켜지지 않았다고 한다. 무엇보다 유기 동물 보호소에서 동물을 하찮게 생각하고 관리한다는 것 자체가 문제라는 지적도 있었다. 보호소라는 이름이 참 무색하다. 보호소가 맞을까? 그저 죽음 직전까지 방관하고 방치하는 동물 보관소가 아닐까? 보관소라 칭하기도 아까울 정도의 공간은 아닌지 의구심이 들기 시작했다. 이후 나는 이 실태에 대하여 언급하면서 보호소의 허술한 운영을 비난하고 환경 개선을 요구하는 글을 써 여러 곳에 알렸다. 그중 한 사람이 말했다.

"같이 행동하실 분은 안 계신가요? 그냥 슬프고 마음이 아프다고 댓글만 달고 '누군가 알아서 하겠지.' 생각하고 계신가요? 행동하지 않으면 똑같은 방관자입니다."

아이들의 처참한 모습을 보고 행동하는 사람이 과연 몇이나 될까? 속상한 마음과 생각만으로는 이 아이들의 삶은 바뀌지 않는다. 이때 KBS 기자로부터 연락이 왔다. 해당 보호소 실태를 방송으로 내보내고 싶다고 하여 나는 고민 끝에 인터뷰를 했다. 보도국에서 취재를 갔을 때 보호소 관계자는 불미스러운 일로 물의를 일으켜 진심으로 죄송하지만 유기 동물을 방치했다는 일부 주장은 사실이 아니라고 말했다. 봉사자들과 얘기 도중 소통 문제로 약간의 승강이가 있었던 것도 인정했다. 하지만 센터 내에서 관리해야 하는 동물은 많은데 직원은 적어 놓치는 부분이 있었다며 앞으로는 봉사자들과 제대로 소통해 이런 일이 없도록 하겠다고 해명했다.

이미 이곳은 위생 관리 미흡 등으로 재점검 및 시정 조치가 내려져 있던 상황이었다. 밥그릇과 물그릇이 텅텅 비어 있는 것은 기본이고 배설물도 오랫동안 방치하여 케이지 안에 가득 차 있다. 케이지는 녹이 슬고 구석구석 벌레가 알을 깐 흔적이 있다. 사료통엔 여러 마리의 쥐들이 드나든다. 햇빛도 전혀 못 보고 구석진 방에 갇혀 있는 아이들도 많다. 여름이 되어 전염병이 돌기라도 하면 물 한 모금 못 얻어먹고 하루를 꼬박 보내는 아이들이 수두룩하다. 어떤 봉사자는 이곳을 "유기 동물이 길거리에 돌아다니지 못하도록 가둬 두는 거대한 쓰레기장에 지나지 않는다."라고 말했다. 이런 안타까운 상황은 단지 한 보호소에만 국한되어 있는 문제가 아니다. 무너지는 마음을 붙잡고 이 이야기를 많은 이들에게 전한 이유는 모두가 분노하여 들고일어나라는 것이 아니다. 사회가 이 문제를 인지하여 개선책을 찾자는 것이며, 더 나아가서는 문제의 근원인 '쉽게 키우고 쉽게 버리는' 행태가 없어지도록 인식을 바꿔야 한다는 것이다.

안락사 없이 최선을 다해 유기 동물을 보호하려고 했던 지자체 보호소도 있다. 전북의 한 보호소가 그곳인데, 안락사 없이도 동물을 보호할 수 있는 모범적인 보호소의 기준을 제시하려 했고, 실제로도 안락사가 없는 보호소를 표방하여 유기 동물의 천국이라 불리기도 했다. 하지만 이 꿈같은 현실은 오래가지 못했다. 지역의 경제가 급속도로 악화되자 개를 내다 버리는 가정이 속출했고 이에 따라 떠돌이 개가 갑자기 늘어났다. 또 그 떠돌이 개들이 교배하여 개체수가 기하급수적으로 늘어나면서 보호소 역시 한계에 이르렀다. 보통 이 보호소에서 구조하던 유기견 수는 연평균 1,000여 마리였는데, 그 이후로는 한해 1,600여 마리로 순식간에 늘어났다. 구조가 급증한 뒤, 개체수가 늘어남에 따라 개 한 마리가 지낼 공간마저 급격히 줄어들었다. 개들끼리 싸우는 일은 일상이 되었고 보호소가 아닌 수용소가 돼 버린 것은 당연한 결과였다. 보호소 직원들은 최선을 다하려 했지만 이 다짐이 무색하게, 관계자들의 힘을 빼는 문의만 빗발쳤다. 보호소의 사정을 모른 채 지상 낙원이라는 소문만 듣고는 키우던 동물을 이곳에 유기하려는 이들의 문의였다. 자신들이 키우던 동물들을 떠넘기려는 사람들의 요구에 보호소 직원들은 화가 치솟았다고 한다. 안 받아 주면 버리고 가겠다는 협박 같은 말도 들었다. 실제로 CCTV 사각 지대를 이용해 보호소 앞에 동물을 버리고 가는 사람도 있었다.

동물을 보호하고자 했던 선의가 유기에 대한 문의로 돌아오자 보호소 직원들은 허탈한 마음을 감추지 못했다. 이대로 가면 보호 개체수 1,000마리가 넘는 건 금방이고, 그렇게 되면 봉사자 안전도 도외시할 수가 없다. 동물들이 싸우는 것을 말리던 봉사자들이 개에게 물리는 사고도 빈번하게 발생했기 때문이다. 결국 이곳도 다른 지자체 보호소처럼 안락사를 하기로 결정했다. 사람들이 최소한의 선은 지켜야 하는데, 일부 이기적인 사람들의 행태로 유기 동물들에게 천국 같은 곳이 사라졌다.

안락사가 없는 지자체 보호소든 사설 보호소든 입양률은 떨어지고 유기 동물 발생률은 높아지는 현실에서는 개체수가 늘어날 수밖에 없고, 자연스레 보호소의 환경이 열악해지는 것이 불가피하다. 보호소라는 이름과 현실의 괴리 속에서 현장 실무자들은 딜레마에 빠진다. 그럼에도 아이들을 위해 모인 봉사자들의 노력으로 환경 개선과 원활한 운영이 이어지고 있는 보호소들이 점점 많아지고 있다. 문제의 근원은 떠돌이 개에 있다는 것을 모두가 자각하고 정부 차원에서 대책 마련이 시급하다는 것을 알아야 한다. 가장 우선해야 할 것은 공장이나 지역 마을에서 키우는 시골 개들의 중성화이다. 중성화하지 않은 떠돌이 개들이 교미하여 새끼를 낳으면 떠돌이 개들의 개체수는 급증한다. 그 새끼들이 자라 떠돌아다니며 또 교미 후 새끼를 낳게 되면 악순환이 계속되고 유기 동물이 증가하는 가장 큰 원인이 되는 것이다. 이 개체수를 줄이기 위해서는 전국적인 차원에서 시골 개의 중성화 수술 지원이 활성화되어야 한다.

5 · 우리의 따뜻한 연대는 동물을 살릴 수 있습니다

임시 보호는 왜 중요한가?

10년간 봉사를 해 오며 느낀 것은 우리가 아무리 열심히 보호소에서 구조를 하고 봉사를 다녀도 한쪽에서는 끊임없이 아이들이 버려지고 학대당하고 죽임을 당하는 아픈 현실이 여전히 계속된다는 사실이다. 이 끝없는 굴레가 숨 막히게 느껴졌다. 그럼에도 그 굴레를 끊어 보고 싶었고, 더 단단하고 따스한 연대를 만들고 싶었다. 나는 대한민국의 유기 동물이 0마리인 세상이 언젠가 분명히 오리라 믿는다. 하지만 그런 세상이 올 때까지 앞으로도 수없이 많은 동물들은 희생될 것이다. 나는 구조도 입양도 중요하다고 생각하지만 그중에서도 임시 보호를 끊임없이 외치는 이유는 아이들이 머물 곳이 없으면 구조 활동 자체가 의미가 없기 때문이다. 단 몇 개월이라도 임보처에 갈 수 있다면 안락사나 질병사로부터 소중한 생명을 구할 수 있으며, 더 예뻐지고 건강해진 모습이 되어 입양의 기회도 늘어난다.

유기 동물 봉사의 여러 형태 중에서 나는 감히, 임시 보호는 봉사의 꽃이라고 말하고 싶다. 보호소에 있는 아이들의 모습을 보면 털은 뭉칠 대로 뭉쳐 있고, 지저분하고 냄새도 난다. 아마 이런 모습으로 바로 입양 갈 확률은 높지 않을 것이다. 사람에 대한 경계심이 있는 아이도 있을 테고 세상 밖으로 나와 하나둘 배워야 할 것들도 있다. 임시 보호 봉사를 해 주는 분들은, 이런 아이들을 집으로 데리고 와서 씻기고 따뜻한 집 밥을 먹인다. 또 어딜 가도 누구에게든 사랑받을 수 있는 아이가 될 수 있도록 정성과 사랑을 쏟는다. 구조견은 여느 반려견들과 다름없는 애정을 받으며 하루가 다르게 반짝이기 시작하고 평생 가족을 만나 그들에게 아름다운 빛이 되어 준다. 임시 보호는 두 생명을 살리는 일이다. 한 아이가 임보를 가면, 안락사 위기에 처한 다른 아이를 살릴 수 있다. 그 아이를 반짝반짝 빛나게 만들어 평생 가족 품에 안겨 주는 일과 동시에 또 다른 보호소의 아이에게 빛날 수 있는 기회를 준다. 그렇기에 임시 보호는 입양만큼이나 중요하고 꼭 필요한, 너무나 값지고 귀한 일이다. 작은 용기에서 시작된, 아이들이 평생 가족을 만나기까지 든든한 다리가 되어 주는 임시 보호는 생각보다 아주 많은 것들을 이루어 낸다.

10년 전 내가 처음으로 유기 동물 임시 보호를 시작할 때만 해도 참고할 만한 임보 매뉴얼도 없었고 조언해 줄 사람도 없었다. 다른 거창한 준비 없이 그저 아이들을 돕고 싶은 마음 하나로 임시 보호에 손을 내밀었다. 어렸을 때부터 지극히 개인주의 성향이 강했던 나는 유기 동물 세상을 알고 나서도 어느 한곳에 속해 있지 않고 혼자 가야겠단 생각에 사로잡혀 있었다. 그때 내가 겪은 동물 구조 단체들은 돈이 우선이었다. 사경을 헤매는 아이들을 이용해서, 그 아이들을 내세워 이슈 몰이를 하여 후원금을 모으려고 했고, 입양을 잘 갈 것 같은 아이들, 소위 품종견이나 어린 퍼피들만 한 달에 몇 마리 구조해서 입양을 보냈다. 나는 그러고 싶지 않았다.

그러다 우연히 한 구조 단체를 통해 나의 첫 임보견 '토드'를 보게 되었고 임보를 시작했다. 토드의 예정된 출국이 취소된 탓에 세 마리의 보호소 아이들이 대신 출국하게 되는 행운도 얻었다. 나는 이때부터 토드의 국내 입양을 위해 열심히 블로그에 임보 일기를 쓰고 단체 카페에도 가입해 공유했다. 그 카페는 아이들을 진심으로 대하고 편견을 두지 않는 곳이었다. 나는 카페를 통해 내가 모르던 여러 정보를 얻기도 했고, 구조가 어떤 의미이고 어떤 일을 해야 하는지 어깨 너머로 배우기도 했다. 게다가 임보 일기에 하나둘 달리는 댓글들을 보며 따스한 울림을 받곤 했다. 진심이 가득 담긴 응원의 말들을 보면서 든 생각은 '아, 나는 혼자가 아니구나.'였다. 많은 사람들이 토드를 봐 주고 애정해 주고 응원해 준다는 것을 알게 되었다. 그렇게 나 혼자만의 힘이 아닌 많은 사람들의 마음이 모여 생긴 그 힘이, 한 아이에게는 세상의 전부가 바뀌는 것일 수 있다는 사실을 알았다. 그 후로 개인 구조를 하게 되면서 느낀 것은, 단체에 속해 있을 때와는 다른 책임의 무게였다. 그것은 곧 내게 마음의 짐과 부담이 되었는데, 단체라는 든든한 울타리 안에서 임시 보호를 한다는 게 얼마나 안정되고 행복한 거였는지를 깨달았다. 하지만 나 혼자가 아닌, 같은 마음으로 모인 사람들과 함께하는 임시 보호라면 누구라도, 또 그것이 첫 시작이라도 용기를 낼 수 있지 않을까?

　어떤 단체를 통해 임시 보호를 시작하고자 한다면, 정말 도움의 손길이 필요한 아이들을 올바르게 구조해서 치료, 임보, 입양, 그 후까지 책임질 수 있는 전문적인 구조자 및 구조 단체인지 확인할 필요가 있다. 유기 동물을 위해 진심을 다하는 유능하고 좋은 구조자도 많지만 그렇지 않은 구조자도 많기 때문이다. 본인의 역량치를 넘어선 무리한 구조를 반복하여 이슈 몰이를 하고 후원금을 끌어모은 뒤, 임보처로 보내 놓고 나 몰라라 하는 구조자를 겪은 임보자들이 더러 있다. 임보처로 보낸 후 한 달 동안 연락이 없는 구조자도 있었다. 슬개골 탈구 4기 판정을 받아 당장 수술이 필요한 구조견인데, 치료비가 없다는 이유로 수술도 해 주지 않은 채 아이를 임보처에 보낸 뒤 잠수를 탔다. 그런 후에도 계속해서 새로운 구조를 한다. 이미 이슈 몰이로 후원금을 두둑이 챙겼으니 구조된 아이들은 뒷전에 둔다. 통장에 쌓이는 후원금으로 도대체 뭘 하는지 알 수가 없다. 아이를 직접 케어하고 옆에서 지켜보는 임보자만 속이 탄다. 그래서 결국 치료 또한 임보자가 해 주는 경우를 많이 봤다. 사전에 지원해 주기로 했던 치료조차 해 주지 않고, 입양 홍보 또한 제대로 진행하지 않는다. 구조를 할 자격이 없는 구조자들이 점점 많아지고 있으니, 임시 보호를 하기 전에 구조자가 어떤 활동을 해 왔는지 반드시 조사를 해 봐야 한다.

　구조자 또한 임시 보호처를 찾을 때 임보자를 제대로 선정하여 보내야 한다. 책임감 없이 구조견을 돌볼 경우 아이가 아프거나 다칠 수 있고 유실될 수도 있기 때문이다. 임보자에 대한 정보, 위치, 주거 환경, 동물과 함께한 경력까지 자세히 체크하면서 임보처를 찾아야 한다. 구조견이 임보 희망자의 환경에 적합한지 여부를 파악하는 과정 역시 꼭 필요하다. 불쌍한 유기 동물을 위해 임보를 하고 싶다고 말하면서, 짖지 않고 털 빠짐 없고 배변 잘 가리는 어리고 예쁜 품종견을 원하는 사람도 많다. 펫숍에서 아이 고르듯이 유기 동물 입양과 임보에서도 여러 조건을 갖다 붙이며 선택을 하려고 한다.

하지만 그들이 원하는 것처럼 완벽한 강아지가 있다면 임시 보호처가 아니라 바로 입양을 갈 가능성이 더 크지 않을까? 이미 입양하고자 하는 사람들이 줄을 설 테니 말이다. 임시 보호는 어디까지나 동물을 위한 것이지, 사람을 위한 것이 아니다. 입양 갈 때까지 머무를 수 있는 깨끗하고 안전한 공간, 하루에도 수백 마리씩 죽어 나가는 생명들을 살리기 위해 필요한 공간이 임보처다. 예쁘고 건강하고 어릴수록 빠르게 입양 가는 것이, 슬프지만 엄연한 사실이기도 하다. 좁은 뜬장에 갇혀 사람과 지내는 법을 잊었거나, 경험해 본 적 조차 없는 아이들도 있다. 그런 아이들에게 다시 사람에 대한 신뢰를 심어 주고, 어떤 성격을 가졌는지 파악하고, 필요한 것들도 가르쳐 가며 어느 집에 가더라도 사랑받을 수 있도록 준비를 해 주는 것이 임보자의 진정한 역할이다. 그런데도 이미 이 모든 조건들을 다 갖춘 강아지만 찾는 사람이라면 그들은 진심으로 어려운 동물을 돕고 싶은 게 아니라, 그저 인형같이 예쁘고 얌전한 아이를, 그것도 내가 편할 때만 잠시 옆에 두고 싶은 것은 아닐까. 이런 자신의 실체를 모른 채 '나는 임시 보호를 하는 좋은 사람이야.'라는 자기만족에 빠져 있는 것은 아닌지 스스로를 돌아봐야 한다. 동물이 동물 같지 않고 사람처럼 행동하기를 기대하며 시작하는 임보는 옳지 않다. 모든 개들은 배변 훈련이 필요하고, 보호자의 행동과 환경에 따라 분리 불안이 생기기도 하고, 의사소통을 위해 끙끙거리거나 짖기도 하고, 때로는 스스로를 보호하기 위해 이를 드러내며 공격하기도 한다. 이렇듯, 개들의 모든 행동은 사람의 행동에 대응해 나오는 결과이다. 훌륭한 개의 뒤에는 보호자의 인내와 사랑이 숨어 있다.

다시 말하지만 임시 보호는 쉬운 일이 아니다. 시간적으로, 경제적으로, 심리적으로 분명 소모적인 일일 수밖에 없다. 또한 임보 후 임보자가 입양까지 이어지지 않는 이상, 처음부터 이별의 순간이 예정되어 있는 일이다. '임시'라는 단어에서 알 수 있듯, 머지않아 맞이할 이별의 아픔에 대해 준비하는 것부터가 임시 보호자가 지녀야 할 자세가 아닐까 싶다. 무엇보다 어렵게 내어 준 용기와 임보견들을 위한 정성의 뒤에는, 임보견을 언제까지 돌보아야 할지에 대한 불안감이 크다. 실제로 임보 시작하기 전 이야기 나누게 되는 것이 임보 기간에 대해서인데 보통은 2개월에서 3개월이나, 그 이내의 단기 임보를 구하기도 한다. 사실 입양이 정해져 있는 아이가 아니라면 입양 갈 때까지의 임보가 가장 이상적이지만 각자의 여건이 다르기에 이 막연한 기간에 대해 부담을 가질 수밖에 없는 것이 현실이다. 하지만 꼭 장기 임보를 해 줄 상황이 아니더라도 당장 머물 곳이 없어 생사의 갈림길에 있는 아이들이 많기 때문에 그들이 원하는 최소 임보 기간만 충족할 수 있다면 입양 전에 떠나보내야 하는 미안함은 접어 두고, 용기를 내어 줄 수 있다면 좋을 것 같다.

곰이에게 온 기적

노견이라는 이유로 보호소에서조차 기회가 닿지 않아 죽음이라는 끝만 기다리고 있던 '곰이'를 구조했다. 곰이는 치근단 농양으로 볼이 터져 있었다. 또 곰이는 슬개골 수술을 받은 상태였는데도 외관상으로 다리가 확 돌아가 있었는데, 엑스레이 사진을 보니 좌측은 핀이 박혀 있었고 우측엔 나사가 박혀 있었다. 좌측 다리 슬개골에는 문제가 없었음에도 다리가 돌아가 있었는데, 핀을 박아 고정하는 단계에서 고정을 잘못하여 돌아간 거라 한다. 우측 슬개골 탈구는 4기로 관절염이 아주 심한 상태였다. 곰이의 다리 상태와 자료를 토대로 여러 수의사 선생님의 소견을 들었는데 모두 입을 모아 말하길, 수술이 잘못된 것이 분명하고 아마도 연습용으로 쓴 것 같다고 했다. 마음이 아팠다. 고작해야 2킬로그램의 작은 몸이었던 곰이에게 너무나 가혹했다. 돌아간 좌측 다리를 교정하기엔 노견인 곰이에게 무리라 판단되었고 우측 슬개골 재교정 수술만 진행하기로 했다. 재수술이 더 예민하고 걱정되는 상황이었지만 전혀 딛지 못하는 곰이의 다리가 지금보다는 조금이라도 나아져 남은 삶의 질이 높아지길 바라는 마음으로 최선을 다해 주자는 마음이었다.

수술을 잘 마무리하고, 곰이는 늘 도움 주시던 앙리동물병원 선생님의 집으로 임보를 가게 되었다. 그렇게 잘 회복을 하고 있었는데 임보자님께 전화가 왔다. 임보자님께서 매일 곰이를 안아 줄 때 심장 체크를 하는데, 어느 순간부터 심장 소리가 이상하다 싶어 심장 초음파를 본 결과 좌심에서 사상충이 발견되었다고 한다. 처음 곰이를 데리고 나와 준 사람의 말에 의하면 보호소에서 사상충 검사를 했고 음성 판정을 받았다고 했는데, 사상충에 걸려 있었다니 충격이었다. 나도, 협력 병원도 당연히 음성이라고 생각해서 더블 체크를 하지 않은 것이 너무나 미안했다. 그 상태로 수술을 시킨 것도 죄스러웠다. 곰이는 바로 사상충 치료를 시작했고 완치까지 오래 걸리더라도 안전한 프로토콜로 진행하기로 했다. 입양 가는 것에 대한 그림은 자연스레 흐릿해져 갔음에도 나와 임보자님은 곰이가 건강상 안정되는 것이 우선이라고 생각했다.

사상충 2, 3차 주사 치료까지 끝냈을 때였다. 곰이의 사상충 치료 과정은 여느 아이들보다도 힘들었고 긴장되는 순간의 연속이었는데, 식욕과 활력이 저하되고, 혈전 증가와 염증 수치가 상승하면서 호흡하는 것도 힘들어하여 산소방을 마련해 주어야 했다. 심지어 잦은 입원으로 혈관이 아예 잡히질 않아 피하 수액으로 대신할 수밖에 없었다. 그럼에도 곰이는 임보자님 품에서 씩씩하게 사상충 치료를 마쳤다. 식욕이 좋아진 것만으로도 다행이고 감사했다. 번식견과 수술 실습용으로 쓰인 곰이의 과거에 더해 사상충으로 힘들어하는 지금까지, 곰이에게 미안함의 연속이었다. 사람

곰이(왼쪽)와 임보자님

의 욕심으로 희생당한 흔적이 몸에 고스란히 남아 있는데도 곰이는 사람에 대한 두려움 없이 온 마음을 내어 주고 이렇게 씩씩하게 치료받는 걸 보면, 곰이도 살고자 최선을 다 하는 거라 생각하며 힘을 내었다.

이 모든 것을 가능하게 한 것은 곰이의 의지와 임보자님 덕분이다. 치료 과정에서 진심을 다해 주신 임보자님의 사랑이 존경스럽다. 조금만 걸어도 호흡이 힘들었던 탓인지 임보자님께서 보내주신 대부분의 사진과 영상 속의 곰이는 임보자님께 안겨 있거나 슬링백 안에 있는 모습이었다. 하지만 그렇게라도 벚꽃 구경을 가고, 경치 좋은 카페에 가고, 집 앞을 산책하는 모습은 눈부시게 예뻤다. 임보자님과 곰이의 진심이, 멀지 않은 날에 곰이의 평생 가족에게 꼭 닿아 주길 바랐다.

사상충 치료 이후 부작용으로 폐렴이 온 곰이는 꾸준히 치료를 이어 나가고 있었다. 혈전과 염증 수치가 불안정했지만 조금씩 차도가 보이는가 싶었는데, 어느 날 밤 피를 토하더니 급기야 코에서도 피가 뿜어져 나와 호흡 곤란으로 응급 상황을 맞았다. 곰이임보자님은 내과적으로도 외과적으로도 불안정한 곰이에게 최선의 치료와 재활을 해 주시는 와중에도 티 내지 않고 누구보다 단단하고 의연했다. 그런데 전화상으로 들려온 목소리가 잊히지 않는다. 전화기 너머로 곰이가 피를 토하는 소리가 들리고 임보자님은 떨리는 목소리로 "곰이 오늘 죽을 것 같아요."라고 하시는데 하늘이 무너졌다. 양평 쉼터에서 성북동에 있는 병원으로 바로 달려갔다. 검사 결과 폐출혈과 폐수종이었는데, 원인이 다양해서 일단 응급 처치를 하고 상위 검사를 진행하기로 했다. 곰이는 중환자실에 들어갔다. 임보자님은 피를 토하고 바이털 사인이 점점 떨어지는 곰이 앞에서 절대 울지 않았다. 울면 진짜로 곰이가 죽을까 봐 끝까지 침착하게 곰이 곁에서 이름을 불러 주고 있었는데, 어떤 마음이었을까. 얼마나 힘들었을까.

오늘을 넘기기 힘들 거라는 이야길 듣던 그 순간을 잊지 못한다. 다행히 고비는 무사히 넘어갔고 수치가 안정화된 것도, 폐가 눈에 띄게 나아진 것도 아니었지만 병원에서 완치가 가능한 것이 아니기에 일단 퇴원하여 집에서 케어하며 모니터링을 하기로 했다. 산소방을 장기 렌트를 했고, 임보자님께서 24시간 케어를 해 주셨다. 곰이도 살고자 하는 마음이 강했는지 퇴원 후 밥도 잘 먹고 배변도 잘하고 활력도 좋았다. 중간에 몇 번 객혈이 있어 걱정했지만 조금씩 나아지고 있었다. 심장 안에 남아 있는 사상충이 분해되면서 어딘가를 막아 혈전이 생겨 급사하는 것만 아니면 좋은 결과가 있지 않을까 싶은 기대를 조심스레 하게 되었다.

죽음과 가까워지고 있던 곰이를 생각하면 매일 매 순간이 심장을 쥐어짜는 듯한 기분이었지만 기특하게도 곰이는 그 모든 순간을 버텼다. 엉망이었던 모든 수치도 정상이 되었고 기침도 이제는 거의 하지 않을 만큼 눈에 띄게 줄었다. 걸어다니는 것도 무리였던 상태에서 지금은 세상 신나게 뛰어다닌다. 이거면 되었다. 사람 좋아하고 발라당이 주특기인 애교쟁이 곰이로 되돌아온 거면 됐다. 곰이를 구조하고 지금까지 높은 산을 힘겹게 넘을 때마다 힘을 낼 수 있던 것은 임보자님께서 든든히 곰이 곁에 있어 줬기 때문이다. 병원 선생님께서 임보를 해 주셨기에 응급이 오던 순간에도, 케어가 필요한 상황에서도 잘 버틸 수 있었지 싶다. 임보자님이 아니었더라면? 생각만으로도 아찔해진다. 오래 걸려도 좋으니 곰이를 위한 최고의 가족을 만나게 해 달라는 말씀에 꼭 보답하고 싶었다. 곰이를 위해, 곰이의 임보 가족을 위해.

곰이의 매 순간을 기억하면서 1년 가까이 흐른 시간을 되돌아본다. 코와 입에서 피가 뿜어져 나오며 죽음 직전에서 힘들게 우리 곁으로 돌아오느라 애써 준 곰이. 하루 병원비 100만 원이 무서웠던 것도 아니었고, 기약 없는 입원이 두려웠던 것도 아니었다. 그저 곰이만 무사히 우리에게 돌아와 주길 간절히 바랐던 순간.

하지만 퇴원 후에도 안심할 수 없었던 곰이였다. 1년 가까웠던 곰이의 임보 기간 동안 곰이는 여러 번 응급 상황을 맞아 생사를 오갔다. 끝없이 외줄 타는 심정으로 건강 회복을 위해 애쓰면서도 점차 입양에서 멀어져만 가는 것 같아 초조하고 힘들었다. 그때마다 곰이 임보자님께서 하시던 말이 정말 큰 위로가 되었다. "천천히 가도 좋으니, 오래 걸려도 좋으니 좋은 가족이면 됩니다." 그리고 결국 곰이는 세상에서 가장 좋은 평생 가족을 만났다. 이런 마음들이 모여야 한다는 걸 다시금 느낀다.

지금까지 곰이가 이렇게 건강을 되찾아 좋은 가족을 만날 수 있었던 건 모두 임보자님 덕분이다. 애써 주신 그 수많은 것들을 기억하며 평생 감사해하며 살아야지 싶은데 임보자님은, "두푸딩님이 있어서 곰이가 살았다고 생각해요."라고 말한다. 내가 한 일은 그리 크지 않지만 임보자님의 말을 오래도록 기억할 것이다.

그래서 노견, 환견 아이들에게 주저 없이 손 내밀어야지. 바로 당장 우리의 마음을 흔들 소식은 없더라도 결국엔 희소식을 전할 수 있을 테니 말이다.

나는 연대의 힘을 믿는다

임시 보호가 쉬운 일은 아니지만 그럼에도 임보를 하게 되는 긍정의 에너지는 분명 존재한다. 동물을 위해 시작한 일이지만 생명을 구하는 그 길에서 내가 더 많이 배우고 성장한다. 사회화가 덜 되었거나, 사람과 함께하는 가정생활이 익숙하지 않은 아이들에게 사랑을 나눠 줄 때, 또 아이들이 좋은 모습으로 서서히 변화하는 과정에 함께할 때 큰 행복감을 느낀다. 처음 꼬질꼬질하고 엉망이었던 모습에서 여느 반려견과 다름없이 예쁘고 건강해진 모습으로 거듭나 든든한 평생 가족을 만나는 걸 보면 언제나 뿌듯한 감정과 감동을 받게 된다. 나는 그렇게 100여 마리의 아이들을 임시 보호 했는데, 가족을 만나 떠난 아이의 빈자리에 위기에 처한 다른 유기 동물 아이가 올 수 있었으니 임시 보호는 정말 두 생명을 살리는 값진 일이다. 동시에 임보견들을 통해 내 마음이 1도는 더 따뜻해졌다. 동물을 위한 봉사지만 사실은 사람이 더 행복해지는 일이 아닐까. 당장 나서서 유기 동물 구조는 하지 못해도, 평생 함께하겠단 약속을 할 수 없어도 괜찮다. 임시 보호는 구조와 입양만큼 가치 있고 중요한 일이다. 아이들의 든든한 다리가 되어 주는 것은 쉬운 일은 아니지만 이로 인해 분명 더 깊은 사랑을 알게 되고 내 스스로의 가치를 높여 줄 수 있는 온기가 깃들 거라 확신한다. 나로 인해 더 나은 삶을 살게 되는 아이들을 보면 분명 그럴 것이다.

임시 보호는 구조자와 임보자가 한마음으로 팀워크를 발휘해야 하기 때문에 신뢰와 합이 매우 중요하다. 이 과정에서 두 사람의 소통이 제대로 진행되지 않는 경우, 임보 자체가 중단되기도 한다. 내가 100여 마리의 아이들을 임보하고 나서 든 생각은 임보자님들께 진심으로 대하자는 것이다. 사람 때문에 생긴 유기 동물이지만 이 아이들을 구하는 것 또한 사람이다. 임보처가 없으면 아이들을 살릴 수가 없다. 살리지 못하면 가족을 찾아 줄 수 있는 기회 또한 당연히 사라진다. 좋은 기억으로 임보가 마무리되면 임보자는 또다시 유기 동물에게 손 내밀 수 있는 용기를 가질 수 있으리라 믿는다.

감사하게도 나는 지금껏 너무나 다정한 임보자들을 만나 왔다. 까다로운 나의 임보 선정 기준 중의 하나는 임보 기간을 단기가 아닌, 아이들이 입양 갈 때까지의 기간으로 설정해 두는 것이다. 그래서 일반 사람들은 내가 정한 임보 기준에 맞춰 손 내미는 것이 더 어려울 수밖에 없다. 더군다나 내가 구조하는 아이들은 입양을 쉽게 갈 만한 아이들이 아니기 때문에 그 부담은 더 커질 것이다. 그럼에도 불구하고 나의 임보자들은 임시 보호의 임보가 아니라 '임종까지 보호'라는 의미의 임보를 기저에 깔고 시작해 주신다. 입양 갈 때까지 얼마가 걸려도 상관없으니 좋은 가족을 찾아주자는 마음으로 함께하신다. 구조와 입양 그리고 그 후에 대한 최종적인 책임은 내게 있고 가끔은 버거울 때도 있지만 혼자 짊어지지 말고 같이 지고 가자고 말하는 임보자도 있다. 혼자 가지 말고 함께 더 멀리, 오래 가자고 한다. 이렇게 든든한 임보자가 있다는 것만으로도 큰 힘이 되어 나는 열심히 가족을 찾게 된다.

누군가는 죽음의 위기에 치한 생명을 구하고, 누군가는 자리 한쪽을 기꺼이 내주고, 누군가는 아이들의 이동을 돕고, 누군가는 현장에서 아이들을 돌보고, 누군가는 치료비를 묵묵히 보태고, 누군가는 평생 함께할 가족으로 맞이한다.

각자의 위치에서 할 수 있는 일을 하다 보니 자연스레 따뜻한 연대가 생겼고 우리의 이 연대는 시간이 지날수록 더욱 단단해지고 있다. 나는 여러 각도에서 시선을 받는다고 생각한다. 어느 날은 모든 것에 지쳐 봉사를 하지 못하겠다는 생각으로 고민을 하다가도 그들의 시선에서 힘을 얻어 무에서 유를 창조하기도 한다. 내가 내 안에서 끌어 올리는 힘이 아닌 바깥에서 받은 에너지가 내 안에서 출력이 된다. 반대로 그 시선들이 어떤 사람들에게는 짐이 되어 아이들을 떠나게 하는 것을 봐 오기도 했지만, 다행스럽게도 나는 봉사를 하면서 좋은 경험을 더 많이 했다. 예를 들어 "두푸딩은 어떤 상황에서도 의연할 것이다." 같은 시선이 나를 실제로 의연하게 만들 때가 있고, "두푸딩은 이 일도언제나처럼 멋지게 잘해 낼 것이다." 같은 시선에 힘을 얻어 내가 그 일을 해내는 기적 같은 순간을 겪기도 했다. 그래서 나는 생각한다. 내가 하는 일은 나 혼자서 하는 일이 아니다. 우리 모두가 함께하는 일이다. 여러 각도에서 긍정의 에너지를 주고 있는 걸 고운 사람들 덕분에 나는 할 수 없는 상태에서도 힘을 얻어 어떻게든 해낼 수 있었다. 그래서 난 그들의 시선이 참 감사하다.

결이 비슷한 사람과 함께할 땐 언제나 웃음과 긍정 에너지로 가득 찬다. 평소엔 더 힘겹고 지루하게 느끼던 시간도 함께일 땐 어떻게든 지나갈 수 있게 된다. 나의 빈틈이 가득 채워진 게 느껴진다. 무너지는 게 두렵지 않도록 응원해 주는 사람, 수많은 단점 속에서 장점을 봐 주는 사람, 상처를 스스럼없이 말할 수 있는 사람, 그럴 때마다 피하지 않고 걱정하며 안아 주는 사람. 실수하고 잘못했을 때에도 나의 부족한 점을 극대화해 끌어내리지 않고 보다 나은 내가 될 거라 믿어 의심치 않고 응원해 주는 사람. 이처럼 나와 결 맞는 사람과 함께할 수 있다는 건 큰 행복이다. 이로부터 이어진 따스한 연대는 형언할 수 없는 힘을 가져 아이들에게 어떤 형태로든 분명 기적으로 닿을 거라 믿는다.

● ● ●

"결 고운 사람들 덕분에 나는 늘 힘을 얻는다."

PART · 4

결 고운 사람들을 위한
언니의 조언

1 · 동물 구조에 힘을 보태고 싶다면

동물을 구조하는 사람들을 보면 겉모습은 강하고 냉정해 보일지 몰라도 마음은 여린 사람이 많다. 안쓰러운 존재들을 보면 마음이 무너져 외면하지 못하는 것이다. 보통은 그런 사람들이 길 위의 생명들을 구하고 그런 사람들을 보면서 나는 무엇을 할 수 있을까 생각했다. 그리고 누군가는 나를 보고 똑같이 생각하고 있다는 걸 알게 되었다. 수년 전에 내게 입양 문의를 주었던 분이 얼마 지나지 않아 임시 보호를 하게 됐다고 연락이 왔다.

"두푸딩 언니 보면서 늘 용기 내고 있습니다. 임보도 그렇고요. 말은 아무런 도움이 되지 못하니까. 마음만으로는 충분하지 않으니까. 할 수 있는 일을 하게, 두푸딩 언니를 보면서 용기 내요!"

"누군가 두푸딩 언니를 보고 힘을 내고 용기를 내요. 사람을 변화시키는 힘이 있어요. 어떤 모습으로든, 목숨이 붙어 있는 숨 쉬는 따스운 아이들을 돌보는 건 정말 좋은 일이에요. 누구보다 우리한테요."

그분은 얼마 전에 내게 "제가 할 수 있는 사랑을 하고 있을게요."라는 말을 해 주셨는데, 세상에서 가장 크고 따뜻한 용기를 내어 주신 것이다. 이것만으로도 감동의 향연인데 보석같이 귀한 말을 들으니 행복하면서도 부끄러웠다. 과연 내가 이런 말을 들을 만한 자격이 있을까.

길 위에서, 차디찬 철장 안에서 하루하루 힘겹게 버티며 살아가고 있는 아이들에게 도움을 주는 것은 거창하고 대단한 일이 아닐지도 모른다. 그렇다고 결코 작은 일도 아니다. 그래서 모두가 나서야만 한다. 유기 동물 봉사는 특정 몇 사람에게만 희생을 강요해서는 안 되는 일이다. 그저 아이들이 불쌍하다는 마음만으로는 아이들에게 아무런 변화를 줄 수 없다. 각자의 위치에서 할 수 있는 일에 최선을 다해야 한다. 누구는 입양을 하고 입양이 힘들면 임시 보호를 한다. 임시 보호가 아니라면 치료비 후원을 한다. 치료비 후원이 아니라면 물품 기부를 한다. 기부가 아니라면 직접 현장 봉사, 이동 봉사를 한다. 이렇게 각자 할 수 있는 일에 작은 용기를 내 주면, 그 마음들이 모여 기적을 이뤄 낼 것이 분명하다. 그리고 이 수많은 봉사 중에서도 가장 필요한 것은 사람들의 인식 변화를 위해 유기 동물의 실상을 널리 알리는 일이다. 사지 않고 입양하는 것이 당연한 세상이 될 수 있도록 알리는 것이 봉사의 시작이다.

2 · 후원금은 어떻게 쓰이나?

유기 동물 구조는 단지 한 사람의 노력으로는 이루어질 수 없다. 수많은 임시 보호자들과 봉사자들, 우리의 활동을 세상에 널리 알려 주는 모든 분들의 행동이, '함께'하는 마음이 모여 아이에게 기적을 선물해 준다. 하지만 더 많은 치료와 수술이 필요한 환견과 장애견, 앞으로 아플 가능성이 높은 노견 아이들에게 손을 내밀자면 늘 치료비라는 현실의 벽과 마주하게 된다. 돈을 가장 후순위로 두고 구조와 치료를 해 온 지난 10년이었지만, 더 힘든 길을 가야 하는 아이들의 구조는 돈과 직결될 수밖에 없는 것이 현실이다. 이런 아이들을 1년에 100여 마리씩 구조하여 최선의 치료를 해 주고 가족을 찾아 줄 수 있었던 것은 나의 행보를 믿고 후원해 준 수많은 분들 덕분이다. 후원금은 구조견들의 병원비, 미용비, 간식 및 물품비, 구조견 위탁비, 핏어팻 쉼터 임대료와 공과금 등 온전히 아이들을 위해서만 사용된다. 렌트 하우스를 운영하는 대표이자 구조 봉사자인 나는 개인의 일은 내 사업장 운영에서 발생하는 수익만으로 활동하고 있으며 수많은 봉사자들 역시 자원봉사자로서, 후원금에서 인건비는 전혀 지급되지 않는다. 다른 단체와 개인 구조는 다를 수 있겠지만, 나는 후원금은 아이들에게만 사용해야 한다는 것을 보고 배웠기에 이를 원칙으로 한다. 꾸준한 활동을 할 수 있도록 믿고 후원해 준 분들을 위해 필수적으로 후원금 입출금 내역과 함께 결제 건에 대한 영수증을 첨부하여 'its_spring_again'이라는 인스타그램 계정에 분기별로 올리고 있다.

간혹 왜 매달 통장 잔고를 공개하지 않냐며 사기꾼으로 몰아가는 사람도 있었다. 나는 해야 하는 입출금 내역과 사용 내역을 철저히 관리하고 있다. 통장 잔고 공개는 의무가 아니다. 혹시나 하여 국세청 공무원과 변호사를 통해 더블체크를 했는데, 범법 행위로 의심될 것은 0.1퍼센트도 없고 잘 이행하고 있다는 답변을 받았다. 공개를 주장하는 이들이 무엇을 걱정하는지 알겠지만 후원금에 손을 댈 만큼 내가 경제적으로 어려운 사람은 아니다. 경제 활동을 잘하고 있고, 나는 봉사도 중요하지만 나의 현생이 안정적이어야 한다고 생각하기에 누구보다 열심히 일을 한다. 후원금의 단 1원도 개인적으로 사용하지 않는다. 오히려 아이들의 치료비가 부족할 경우 내 사비로 채워 넣는다. 다만 내가 잔고를 공개하지 않는 이유는 한두 마리 구하고 끝내는 일시적인 구조가 아니라 지속적인 구조를 지향하고 있기 때문이다.

그런데 잔고를 그대로 공개하면 후원자들은 넉넉한 금액이 있다고 생각할 수 있다. 필요할 때마다 0부터 십시일반 모아 목표하는 바를 이루기에는 구조를 기다리는 아픈 노견들, 환견들이 너무

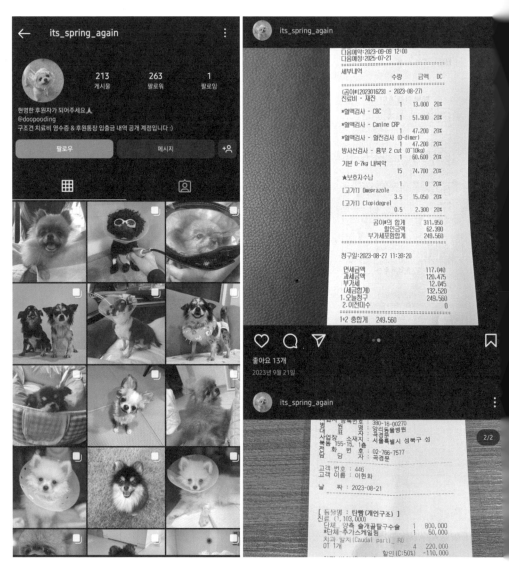

인스타그램 'its_ spring_again'계정에 후원금 지출 내역을 공개한다.

나 많다. 구조한 아이들 또한 언제 어디가 아플지 예상할 수 없다. 그 때문에 후원금을 쓸 때 쓰고 아낄 때 아껴 가면서 잘 활용하여 원활히 내가 원하는 구조 활동을 하고 싶은 마음뿐이다. 그게 그 이상도 이하도 아닌 솔직한 마음이다.

내가 하는 구조의 방향을 지켜보는 분들이라면 알겠지만 치료비가 많이 들 수밖에 없는 아이들을 구조하는 경우가 대부분이다. 이런 아이들은 어느 누구에게도 선택받지 못하기 때문이다. 그 돈이면 살아날 수 있는 아이를, 내가 어떻게든 해서 살려 주고 싶은 마음뿐이다. 어느 때에는 한 달 사이에 구조견 두 마리의 치료비로 1,000만원이 넘게 발생하기도 했다. 수술과 재활비로 1,000만원이 훌쩍 넘은 구조견도 있었다. 어느 정도의 잔고는 가지고 있어야 병원비에 전전긍긍하지 않으면서 구조 활동을 이어 나갈 수 있다. 구조가 필요한 아이들을 마주했을 때, 조금 덜 주저하고 손을 내밀 수 있는 힘이 된다. 이게 내가 사용 내역을 올리지만 잔고는 공개하지 않는 이유다.

물론 막연히 진심을 믿어 달라는 식으로 일처리를 하지는 않는다. 내가 후원금을 투명하게 쓰고 있는지 궁금해하는 것은 당연하다. 그래서 후원금, 결제 내역 정산에 있어 더 깔끔하게 정리하고 분기별로 입출금 내역 사본을 그대로 공개하고 있다. 그럼에도 불구하고 나를 비난할 거라면, 내가 걸어온 길과 앞으로의 활동을 지켜봐 주면 좋겠다. 직업도 아닌 봉사를 단순히 아이들을 위해서만, 더 힘겨운 싸움을 해야 하는 아이들을 위해서만 해 오고 있고 앞으로도 해 나갈 것이다. 나를 믿지 못하겠다면 자신이 믿을 만

하다고 생각하는 곳에 후원을 하면 된다. 나는 아이들만 보고, 지금처럼 나의 진심을 의심하지 않는 사람들과 함께 신나고 행복하게 구조 활동을 할 것이다. 우리의 활동이 더 올바르게 성장해 나갈 수 있도록, 유기 동물을 위해 우리만의 길을 열심히 걸어갈 수 있도록, 나를 믿어 주는 수많은 사람들의 기대를 저버리지 않을 것이다. 그러니 나를 믿고, 아이들과 함께하는 여정을 좋은 마음으로 봐 주었으면 한다.

3 · 학대당하거나 버려진 아이들을 본다면

　동물을 유기하는 행위는 명백한 범죄다. 2021년 개정된 동물보호법 제10조에 따르면 반려동물을 계속 기를 수 없다고 해서 버려서는 안 되며, 부득이한 경우 동물 보호단체 등과 상담을 해야 한다. 이를 위반해 동물을 유기하면 300만 원 이하 벌금에 처할 수 있다. 이 벌금 처분도 강화된 것으로 과거엔 단순 과태료 부과가 전부였다. 그럼에도 동물 유기 행위는 계속되고 있다. 혹시라도 동물을 유기하는 정황을 안다면 수사 기관에 신고해 유기 행위자를 끝까지 찾아 책임을 물게 하는 등의 노력이 필요하다.

　유기견을 발견했을 때는 우선 인식표와 마이크로칩 확인이 필요하다. 인식표에는 보통 보호자의 연락처, 이름, 주소 등이 기재되어 있다. 인식표가 있는지 살펴보고, 만약 없다면 가까운 동물병원으로 가서 마이크로칩을 확인하면 된다. 마이크로칩이 있다면 동물등록시스템을 통해 칩 넘버 조회가 가능하고 바로 보호자에게 연락을 취할 수가 있다. 만약 둘 다 없다면 관할 지역 동물 보호소로 신고하면 된다. 만약 발견한 동물이 강아지가 아니라 고양이라면 동물보호법상 구조 대상에서 제외되기는 하지만 지자체 동물보호 담당자의 판단과 역량에 따라 구조 조치 여부가 결정된다. 이때도 3개월 미만의 새끼 고양이, 다친 고양이, 유기된 것이 분명해 보이는 경우엔 구조 및 보호 조치가 가능하다. 유기 동물 신고센터에 전화하기 전에 이 아이가 정말로 누군가가 잃어버린 아이인지, 아니면 원래부터 야생에 적응하며 살던 아이인지 인식표나 마이크로칩 등을 통해 반드시 확인해야 한다. 고양이는 영역 동물이라 보호소에 들어갈 경우 적응하기가 힘들어 오히려 더 나쁜 상황에 처할 수 있다. 새끼가 있는 어미묘를 포획하면 새끼들은 살아남을 수가 없다. 또한 포획되었다 돌아간 새끼 고양이가 있다면 낯선 체취로 인해 어미묘는 그 새끼를 버리기 때문에 새끼는 죽음에 이를 수밖에 없다. 따라서 새끼 고양이의 경우는 어미묘가 찾으러 올 수도 있으니 시간을 두고 기다려 주어야 한다.

유기 동물만큼 심각하고 가슴 아픈 학대는 방치견이다. 특히 시골은 반려견에 대한 인식이 현저히 낮다. 그곳은 평생 1미터 줄에 묶여 사람이 먹다 남긴 잔반을 먹고 중성화도 안 시켜 계속 임신하고, 새끼들을 어떤 사람인지도 모르는 이들에게 보내 버리고, 그 아이들은 또 어미견처럼 산다. 개장수에게 팔리고 동네 사람들끼리 잡아먹고 새끼 빼서 여기저기 팔고, 이런 미개한 일들이 아직도 사각지대에서는 일어나고 있다. 비좁은 닭장 안에 넣어 놓은 채 밥도 물도 제대로 주지 않는 경우, 집 하나 없는 밭 한가운데 쇠꼬챙이에 묶인 채 밭 지킴이가 되어 있는 경우 등이 대표적이다. 이런 아이들을 발견하면 대부분 사람들은 무작정 신고를 하고 민원을 넣는다. 하지만 안타깝게도 이런 신고와 민원이 방치견을 구해 주는 경우는 거의 없다. 오히려 견주의 심기를 건드려 견주가 아이에게 화풀이를 하거나 내가 알아서 키우겠다며 대충 둘러대고 개장수에게 팔거나 잡아먹어 버린다. 학대 장면을 목격한다면 먼저 학대 행위에 대한 증거 자료를 확보한 후 바로 112에 신고해야 한다. 현장에 출동한 경찰 공무원을 통해 학대 행위를 멈추게 하고, 해당 지자체 동물 보호 감시원에게 학대당한 동물에 대한 격리 조치를 요청한다. 혹 주위에서 상습적인 학대 행위가 일어나고 있음에도 불편함, 보복에 대한 두려움 등의 이유로 직접 신고가 힘든 경우에는 먼저 사진이나 동영상 등 증거 자료를 확보하는 것이 필요하다. 이후 관할 지자체 동물 보호 감시원에게 민원을 제기하여 고발 조치를 요구할 수 있다. 이 경우 신고인에 대한 정보는 법적으로 보호하게 되어 있으니 신원 정보 노출에 대한 걱정을 할 필요가 없다.

그럼에도 불구하고 이 모든 것이 원활히 진행되지 않는다면 동물 보호 단체와 상의해야 한다. 어디에서도 구해 주지 않는 방치견과 학대견의 견주를 설득하여 소유권을 포기시키거나 위법한 경우 처벌받을 수 있도록 도와줄 수 있다. 민원으로는 큰 움직임을 기대할 수 없다. 슬프지만 현실이 그렇다. 동물보호법을 어겨도 대개는 그렇게 하지 말라는 구두 경고가 고작이다. 민원을 받고 출동한 공무원들은 방치견을 보고도 피 흘린 흔적도 없고 때린 증거도 없다는 이유로 학대가 아니라며 그냥 돌아가 버린다. 결국

최초 발견자는 개인 구조자, 동물 구조 단체에 도와 달라고 하는 수밖에 없다. 구조 활동을 하면서 그런 사례를 숱하게 봐 왔다.

보통은 단체에 연락한다고 하면 케어, 카라, 동물자유연대(동자연) 등 대형 동물 구조 단체를 먼저 떠올린다. 대형 단체에 연락을 취하면 필요한 정보는 바로 얻을 수 있지만 직접 현장에 출동해 도움을 주기까지 시간이 소요될 것이다. 개인 구조자인 나의 경우만 보더라도 하루에 이런 제보가 쉴 새 없이 들어오는 상황인데 대형 단체는 오죽할까. 아무리 급한 마음에 도움을 요청해도 그 단체가 제보 건을 접수하고 내부적으로 논의 후에 직접 움직이기까지 시간이 오래 걸릴 수 있다는 것을 인지해야 한다. 그렇기 때문에 대형 단체뿐만 아니라 더 많은 단체와 개인 구조 봉사자까지 평소에 미리 파악해 두는 것이 좋다. 한 단체에만 의지하고 기다리는 것보다는 최대한 여러 곳에 자문하고 도움 요청을 하면 아이를 구조할 가능성이 더 높아질 것이다.

한 봉사자는 이렇게 말했다. 요즘은 더 자극적인 내용과 극한의 위기에 처한 아이들이 아니면 단체는 움직이지 않는 것 같다고. 큰 이슈가 되는 아이들은 여러 단체들이 바로 나서서 도움을 주지만, 사연이 없는 아이들은 소외된다고. 이슈화될 만한 사연이 없는, 무관심 속에 방치된 아이들은 너무나 많은데 이 아이들을 도와줄 곳이 없다고 했다.

참 슬펐다. 버려지고 방치되고 학대되는 아이들 중에서도 더 불행한 것은 사연 없는 아이들이라니. 혹 위기에 처한 생명을 발견한다면, 단체와 구조자 중 어느 한쪽이라도 움직일 수 있도록 포기하지 않고 아이들이 처한 안타까운 상황을 소리 높여 알려야 한다. 어쩌면 그 아이에게는 당신이 마지막 희망일지도 모르니까 말이다.

4 · 임보의 몇 가지 원칙

임시 보호는 개인 구조, 구조 단체, 개인 봉사자 들이 열악한 보호소나 방치견, 학대견 들을 구조하기 위해 만든 구조 과정 중 한 부분이다. 임보의 조건, 비용, 기간 등은 구조견마다 다르다. 그래서 임보든 입양이든 상담 과정은 꼼꼼할 수밖에 없다. 유기 동물을 임보하고 입양한다고 다 좋은 사람이 아니기 때문이다. 그저 불쌍하게 여기는 마음만으로 할 수 있는 봉사가 아니다. 임시 보호 기간 동안 임보견의 사회화, 배변 훈련, 기본적인 진료 등 보호자에게는 막중한 의무와 책임이 뒤따른다.

입양하기 전, 내가 잘 키울 수 있을지 확신이 없어서 임보부터 해 본다는 말을 들었다. 심지어 개를 키워 보고 싶은데 자신이 없다는 말을 들으면 임보부터 해 보라고 권하기까지 한다. 임시 보호는 반려 생활을 위한 사전 체험이 아니다. 잘 키울 수 있을지 체험해 봐야 확신이 들 것 같다면 키우지 않는 것이 맞다. 임보와 입양의 시작점은 책임의 무게부터가 다르다. 어떤 일의 결과가 같더라도 그 시작의 의도가 다르면, 행위의 가치 또한 다를 수밖에 없다. 일단 임보를 해 보다가 괜찮으면 입양해야겠다는 임보자의 태도와, 좋은 가족을 찾아 주겠다고 임보를 시작했다가 결국 입양까지 결심하는 임보자의 마음이 같을 수 있을까? 실제로 구조견들 중 몇몇은 임보자가 입양을 한다. 임보자가 입양을 하게 되면 마음 편한 건 구조자이고 누구보다 행복한 건 구조견이다. 구조견에게 임보자는 이미 보호자이기 때문에 다른 집으로 가서 다시 적응하는 과정 없이 평생 함께할 수 있으니까. 임보 신청을 받고 상담을 할 때 왠지 입양할 것 같은 사람은 느낌이 온다. 그리고 나도 내심 기대는 한다. 물론 보호자에게는 표현하지 않지만.

그럼에도 불구하고 나는 임보를 해 보고 입양을 결정하겠다는 사람에게는 임보를 맡기지 않는다. 임보자가 입양을 할 경우 보통은 "나만큼 이 아이를 사랑하고 책임져 줄 보호자는 없을 것"이라는 자신감과 확신에 차 있다. 그 소중하고 고귀한 희생을 반려 생활 전 체험 도구로 여기겠다는 것은 참으로 이기적인 행동이 아닐 수 없다. 체험해 봐야 알 수 있는 책임감이라면, 겪어 봐야 생길 확신이라면 임보도 입양도 고려하지 않는 것이 옳다고 생각한다.

입양, 임보 상담을 할 때 최우선으로 두는 조건은 집을 5시간 이상 비우지 않는 사람이다. 아무리 경제적으로 풍족하고 아이를 무한으로 사랑해 준다고 할지라도 구조견을 혼자 둘 수밖에 없는 환경으로는 보내지 않는다. 임보처가 아무리 급하다 해도 마찬가지다. 그저 비를 피하고 외부에 노출되지 않는 지붕이 필요한 것이 아니라, 가족이 필요한 것이기 때문이다. 함께 오랜 시간 살면서 신뢰가 쌓인 후 환경이 바뀌어 집을 비우게 된다거나 유치원에 맡긴다거나 펫시팅(보호자를 대신해 반려동물을 잠시 돌보는 일)을 부탁하는 경우와는 다르다. 구조견들은 사람과 사는 법을 배우고 보호자와 교감을 나누며 심리적 안정을 쌓아야 한다. 그런 아이들을 급하다고 아무 집에나 보냈다가 오랜 시간 방치되면 오히려 분리 불안이나 트라우마가 생길 수도 있다.

임시 보호는 기본적으로 입양 갈 때까지 보호해 줄 수 있는 곳을 최우선으로 찾는다. 그러지 않으면 구조자도 임보자도 기간 안에 입양을 보내야 한다는 부담을 느낄 뿐 아니라 입양처를 찾지 못했을 경우 또 임보처를 구해 옮겨야 하기 때문이다. 그래서 정말 급하더라도 반려 경험이 있고 경제적, 정서적 조건을 모두 갖춘 임보자를 꼼꼼하게 찾게 된다. 통상 기본적인 접종비와 사료, 용품 등은 임시 보호자가 부담한다. 간혹 사상충증 치료나 중성화, 기타 큰 질환을 치료해야 할 때에는 개인 구조자 혹은 단체에서 진행해 준다. 하지만 대부분 큰 질병이 없는 유기견의 경우에는 임시 보호자가 책임지고 관리해 주어야 한다.

임보처의 조건보다 더 중요한 것은 구조자와 임보자 간의 소통이다. 다른 구조자들은 모르겠지만 나는 이것을 가장 일순위로 생각한다. 결국 임보자나 입양자나 조건보다 인성이 중요하다. 구조자나 임보자 혹은 입양자는 모두 아이의 생명을 위해, 그리고 아이의 안전한 남은 평생을 위해 희생하고 봉사하는 사람들이다. 서로 모르는 상태에서 파악할 수 있는 가장 기본적인 장치는 소통이며, 조건보다 중요한 것은 인성이다. 임보처만 잘 구해도 구조의

90퍼센트는 성공이다. 임보처가 안정적이고 임보자가 아이에 대한 애정과 지식이 충분하다면, 그리고 구조자와 소통하는 데에 적극적이라면 정말 큰 힘이 되고 그것은 결국 구조견의 행복으로 돌아온다.

5 · 새로운 가족이 생긴다는 것

　여전히 버려지고 학대당하고 길 위에서 쓸쓸히 죽음을 향해 가는 아이들의 세상은 슬프게도 계속되고 있지만, 10년 전에 비해 유기 동물 입양이 더 많이 알려진 것 같다. 우울함 속에서도 희망이 있다. 비록 아직까지는 세상이 크게 바뀌지 않았다고 해도 조금씩 사람들의 인식에 변화가 생기고 있는 것은 분명하다.

　나는 구조 현장 속에서 그 변화의 물결을 느끼고 있다. 이렇게 조금씩 바뀌다 보면 아이들의 세상에도 변화의 물결이 더 크게 일지 않을까 싶다. 유기 동물을 가족으로 맞이하여 반려 생활 중인 가구도 많아지는 추세이고 "아직도 가족을 펫숍, 전문 견사에서 돈 주고 사 와?" 이런 생각을 가진 사람들이 늘어났을뿐더러, 첫 반려 생활을 꿈꾸는 사람들이 조심스레 유기 동물 입양 문의를 하고 입양 캠페인에도 오는 것을 자주 목격한다. 아직은 아니어도 유기 동물 입양을 생각하는 사람들도 많다. 나는 이 변화를 무심히 흘려보내면 안 된다고 생각한다. 지금 바로 우리 세대에서 이루어야 한다.

입양 상담을 하다 보면 첫 반려 생활인 사람들이 많은데, 그럴 때면 나는 더욱 조심스러워진다. 처음 키운다고 해서 문제가 되는 것은 전혀 아니다. 누구나 처음은 있다. 나 또한 두부를 가족으로 맞이할 때 초보 견주였고 내가 많이 부족했기에 미안함 또한 가장 크다. 그래서 나는 처음 키우는 분들을 상담할 때 유기견 입양은 정말 좋은 일이지만 신중해야 한다는 것을 강조한다. 불쌍하고 눈에 밟혀서라는 이유만으로 입양을 하면 모두에게 불행한 결과를 낳기 때문이다. 어느 방법으로든 새로운 가족이 생긴다는 것은 그에 따른 책임을 함께 안고 가는 것이며, 심리적으로 현실적으로 준비가 필요하다. 강아지의 기본적인 습성, 생활 방식, 케어 방법, 질병에 대한 공부가 필요하고 용품 또한 준비되어 있어야 한다.

처음 키우는 분들께 입양 상담을 할 때면 내가 아는 모든 정보를 최대한 많이 공유해 주려 하고 있다. 내가 두부를 처음 키울 땐 조언을 구할 사람도, 정보를 얻을 플랫폼도 주위에 많지 않았기 때문에 실수도 많았고 후회되는 순간을 만든 경우도 있었다. 그렇기 때문에 적어도 이 사람들은 나와 같은 실수는 하지 않았으면 하는 바람에서, 펫숍에서 사 오려는 것이 아니라 유기견을 입양하고자 하는 그 마음이 참 고맙고 예뻐서, 나는 그 순간에는 구조 봉사자나 입양 상담자가 아닌, 든든한 조언자가 되려고 한다.

구조가 끝이 아닌 시작이듯이, 나에게는 입양 또한 끝이 아닌 시작이다. 구조견을 입양 보내도 입양자님과 꾸준히 의견을 주고받으며 도움을 주려고 노력하고 있다.

입양 상담을 하며 가장 안타까울 때는 이상과 현실이 맞지 않을 때다. 입양 희망자가 마음과 의욕은 높지만 현실적으로 준비가 되어 있지 않으면 입양을 보낼 수 없다. 집을 너무 오래 비우거나, 강아지와의 반려 생활을 이해하고 공부할 자세가 느껴지지 않을 때인데, 그럴 때 나는 이들의 마음이 다치지 않도록 왜 거절할 수밖에 없는지 이유를 설명하며 이야기를 잘 풀어 나가려고 한다. 입양 문의를 했던 한 가족은, 다른 곳에서 유기견 입양을 신청했다가 거절당했는데 이유도 듣지 못했다고 한다. 입양 상담 과정은 절차가 복잡하고 까다로울 수밖에 없는데, 왜 까다로운지 이유를 들은 적도 없다고 한다. 유기견 입양이라는 어려운 결정을 하면서 용기를 냈음에도 상담 과정에서 돌아온 것은 무력감과 상처뿐이었기에, 이렇게 어려운 일이라면 차라리 마음 편히 펫숍을 가는 게 나을 것 같겠다고 생각하기도 했다는 말에 마음이 무거워졌다.

좋은 입양자와 연이 닿는 것만큼 중요한 건 하루에도 수십 팀과 상담할 때의 모든 과정이다. 잘 거절하는 것 또한 더할 나위 없이 중요하다고 생각한다. 왜 입양까지 연결되지 못하는지에 대한 이유를 조심스레 설명하고, 아직은 반려동물 입양이 시기상조인 사람에게는 조금 더 준비를 하면서 적기를 기다려 달라고 부탁한다.

나는 구조견 각각의 성향, 건강, 나이 등 모든 것을 고려하여 가장 맞는 가족을 찾아 주려고 애쓰는 사람이기에 "절대로 당신이 부족해서가 아니라, 그 아이에게 조금 더 맞는 가족을 기다리려는 것뿐이고, 조금 더 후회 없는 반려 생활을 하길 바라는 과정일 뿐이니, 나중에 꼭 다시 연이 닿아 우리와 단단한 연대가 생기길 희망한다."라고 말한다. 펫숍에서 사지 않고 유기 동물을 입양하려는 그 마음이 변질되지 않길 바라면서.

유기 동물 입양은 강아지의 아픈 경험, 그로 인한 상처와 트라우마, 혹시 모를 건강상의 문제 등 여러 불안 요소를 안고 하는 선택이다. 그만큼 신중할 수밖에 없다. 보호소에서는 짖지도 않고 다른 강아지 친구와 잘 어울려 순한 줄 알았는데, 입양 후에 작은 자극에도 쉽게 짖고 다른 강아지에게 공격적인 모습을 보이기도 하며 간혹 보호자에게 방어적 입질을 해 당황하는 경우도 있다.

보호소에 있을 때 나타나는 아이들의 모습은 진짜가 아닐 가능성이 높다. 그곳이 자신들의 보금자리가 아닌 것을 알고 소극적이고 얌전하게 행동하는 경향이 있다. 하지만 입양처로 가 그곳이 자신의 보금자리라는 것을 인식하면 안심을 하게 되면서 보호소 때와 달리 행동이 거칠게 변하기도 한다. 한 번 이상 버려지고 세상의 전부를 잃어 봤던 강아지는 다시 그런 경험을 하지 않기 위해 필사적으로 바뀐다. 그리고 이 필사의 노력은 외부 자극에 대한 공격성으로 나타나는 경우가 많다. 따라서 입양 희망자는 유기견의 이런 심리적인 부분까지도 이해하며 사랑으로 교육시켜 줄 준비가 되어 있어야 한다.

유기견을 입양한 순간, 그 아이는 더 이상 유기견이 아닌 한 가족의 당당한 반려견이 된다. 따라서 더는 유기견을 바라보는 시선이 아니라 앞으로 평생을 함께하는 가족으로 대해야 한다. 안타까운 마음에 교육을 미루고 포기하면 문제는 더 큰 문제를 낳는다. 내가 불쌍하다고 생각한다면 강아지는 안정감을 느끼지 못하고 계속 불안감을 느끼게 된다.

강아지가 우리 가족에게 마음을 열고, 새로운 집에 적응할 수 있도록 노력하고 기다려 주어야 한다. 어쩌면 그 아이는 가정생활이 처음일 수도 있다. 낯선 환경에 오자마자 잘 적응하고 밥을 잘 먹고 원래 살았던 곳처럼 잘 지낼 수는 없다. 처음부터 배변을 완벽하게 가리는 걸 바라는 것 또한 사람의 욕심이다. 사람은 스스로 배변을 보기까지 오랜 시간이 걸리는데, 왜 강아지에게는 단 며칠 만에 성공하길 바라는 걸까. 강아지의 입장에서 보면 모든 것이 낯설다.

사람도 낯선 곳에 가면 어색하고 불편하듯 강아지들도 마찬가지이다. 다소의 공격성은 그 때문으로 이해하고 기다려 주길 바란다. 처음에는 내가 보내는 사랑과 기대만큼 관계가 원만하지 않을 수 있지만, 인내하고 교육하다 보면 그 아이가 당신을 진짜 가족으로 받아들이게 된다. 그 시간은 며칠이 될 수도 있고 몇 달이 될 수도 있다. 그들의 속도에 맞춰 함께 걸어가 주면 좋겠다.

이것이 유기 동물 입양, 새로운 가족을 맞이하는 일이다. 쉽지 않은 일이고 쉬워서도 안 된다. 고민을 반복하고 생명에 대한 책임의 무게를 충분히 인지해야 한다. 어렵지만, 그럼에도 그 아이에게 손을 내밀어 유일한 세상이 되어 주는 일은 겪어 보지 않은 사람들은 느끼지 못할 가치로움이 분명 존재한다. 유기견을 입양하는 모든 사람들에게 나는 이렇게 말하고 싶다. 구조의 마지막인 입양은 두 생명을 살리는 일이라고. 한 아이가 좋은 가족을 만나면 우리는 그 자리에 위기에 처한 다른 유기 동물을 구해서 데리고 나올 수 있기 때문이다.

. . .

"우리는, 유기 동물 입양이 당연한 세상을 만들 수 있다."

6 · 여러분의 주변엔 생각보다 보호소가 많습니다

우리 주변엔 도움의 손길이 필요한 유기 동물 보호소가 많다. 보호소에 직접 찾아가기까지 조금 망설이게 될 수도 있겠지만, 한 번도 보호소에 가 본 적이 없는 사람들은 많아도 한 번만 보호소에 간 사람들은 거의 없지 싶다. 보호소 현장에서 아이들과 교감을 해 보면, 아이들의 눈빛이 진한 여운으로 남는다. 그렇게 우리는 또다시 보호소로 향하게 된다.

한 달에 한 번 울산 보호소 단체 봉사를 진행했을 때 나의 개미지옥에 들어온 한 봉사자의 글이 생각난다.

"유기견, 유기묘, 유기 동물 이야기는 동물을 키우는 저로서는 마주하기 힘든 현실이었어요. 하지만 어쩐 일인지 두푸딩 언니의 포스팅을 클릭하게 되었고 두푸딩 님의 '마음 아프다고 해서 외면해 버린다면 이 아이들의 미래는 없습니다.' 이 한마디가 저를 움직이게 했습니다. 조심스레 댓글을 남겨 두푸딩 언니와 맺은 첫 인연은 그렇게 시작되었어요. 봉사 메신저 그룹 방에 초대를 받아

유기견 봉사

들어가 보니 이미 적지 않은 분들이 뜻을 모으고 있었죠. 알고 보니 한 달에 한 번 정도 서울에서 이 먼 울산까지 내려와 아이들을 챙기고 계셨더라구요. 학교 봉사 활동 시간 때우기가 아닌, 학점 채우기가 아닌, 정말로 내 스스로 '자원'하는 나의 첫 자원 봉사를 하게 되었습니다."

울산에 있는 이 봉사자 덕분에 더 많은 자원봉사자들이 모였고 봉사 일정이 정해지기를 기다리게 되었다. 그렇게 어렵게 모인 인원이 서울, 경주, 부산 등 그 외 여러 곳에서 달려와 주신 분들까지 포함하여 20명이 되었다. 전국에서 온 보호소 현장 봉사자들이 모여 통성명할 정신도 없이 얼른 도와야겠다는 생각뿐이었다. 400여 마리의 아이들에게 필요한 견사 청소, 설거지, 산책, 밥과 물 주기만으로도 하루가 금방 지나가기 때문이다. 더 많은 인원이 필요했다. 보호소의 시설은 너무나 열악해서 직접 방문했던 봉사자들에게 상당한 충격을 안겼다. 동물이 아닌 양심을 버린 사람에 대한 환멸감부터 시작하여 아이들이 처한 고통스러운 현실에 마음이 무너진다. 제발 더 많은 사람들이 이 아이들을 도와주길 바라는 마음으로 아이들과 매달 함께했다.

나는 매번 봉사를 다녀올 때마다 조금씩 더 행복해졌다. 사랑스러운 동물들을 잔뜩 만나서이기도 하겠지만, 사람으로부터 오는 온기가 참 따뜻해서이다. 함께하는 현장 봉사자들의 이야기를 들어 보면 저마다 바쁘고 알찬 삶을 살아가면서도, 주말 중 하루를 비워 유기 동물과 함께한다. 얼마나 대단하고 멋진지 모른다. 사실 나 또한 일로 바쁠 때는 늘 생각만 했지 보호소에 주기적으로

가 보지 못했는데 말이다. 그런데 자신의 삶을 누구보다 열정적으로 살면서도 나누는 일을 잊지 않는 봉사자들을 보면 괜히 마음이 울컥해진다. 보호소에서는 누구나 아이가 되는 것 같다. 동물들만큼이나 행복해하는 사람들의 얼굴을 보면, 결국 우리는 따스한 온기를 갈망하는 동일한 존재구나 싶다.

더럽고 악취가 나는 견사 청소 봉사가 부담된다면 설거지와 산책시키는 일도 괜찮다. 시간이 부족하고 거리가 멀어 함께하지 못한다면 주변에 이 현실을 알려 주는 것만으로도 큰 도움이 된다. 혼자 와도, 한 번만 와도 얼마든지 좋다. 현장에서 아이들과 함께하는 이 따뜻한 온도를 느껴 보길 바란다.

글을 쓰면서, 이 모든 작업이 어디에서 시작됐고 어디로 어떻게 흘러갔는지를 분명히 알아야 했다. 시작점을 찾는 것으로부터 내게 다시 문이 열리고 앞으로 나아가야 할 방향이 또렷해진다고 생각하기 때문이다. 유기 동물과의 연결은 어느 특별한 계기가 있었다기보다는 우연히 눈을 마주하고 손을 내밀면서 자연스럽게 시작되었다.

구조 봉사에 뛰어들며 하루도 빠짐없이 전쟁과도 같은 매일을 보냈지만 숨을 고르며 내 품에 닿은 소중한 유기 동물 천사들을 그릴 때면 힘이 난다. 가끔씩은 그렇게 써 두었던 아이들의 이야기를 읽어 본다. 매년 100여 마리의 아이들을 구조하면서 심리적인 압박과 치료비 부담에 힘들기도 했지만, 나는 아이들을 만나 형언할 수 없는 값진 마음을 얻었다. 온전히 아이들만을 공통분모로 해서 모인 사람들의 열정을 보았고, 그 안에서 점점 안일해지던 나를 새로운 눈으로 돌아보며 다시금 스스로를 채찍질하는 시간도 가질 수 있었다. 그들은 무엇 하나 그냥 시들게 두지 않는 에너지로 굳건한 연대를 이루었다. 나 혼자서는 찾을 수 없었던, 쉽게 행복해지는 해답을 알게 되었으니, 이 모든 것은 아이들과 그 주변으로 모인 따뜻한 연대 덕분이다.

'쉼 없이 달려와도 여전히 아이들의 세상은 아프고 슬픈 일들뿐이구나.'

구조하고 구조해도 더 많은 아이들이 버려지고 학대당하고 죽임을 당하는 변함없는 사실에 무력감과 슬픔, 사람에 대한 환멸감이 커졌지만, 그럼에도 아이들을 돕는 것 또한 사람이니까. 결이 비슷한 사람들과 함께 우리가 살릴 수 있는 아이들을 생각하기로 한다. 비록 내가 한 아이를 살린다 해도 아이들의 슬픈 세상은 계속되고 있지만 우리가 손 내민 아이의 세상은 바뀐다. 지키지 못하고 살리지 못한 아이들을 생각하면 무너질 수 없다. 내가 지금까지 살려 온, 그리고 앞으로 살릴 수많은 아이들을 생각하며 더 힘을 내기로 한다. 너무 많이 아파하지 않기로 다짐한다. 나는 비록 미약한 힘밖에 없지만 사람들이 "우리 친구들에게 도움을 주세요."라고 말한다면, 내 존재만으로도 힘이 된다면 나는 언제까지나 아이들을 위해 이 자리에 있을 것이다. 힘들지만 그렇게 버티고 버텨 유기 동물에게 한 가닥 희망이 될 것이다.

나는 처음부터 지금까지 오직 아이들만을 위해 살아왔고, 앞으로도 그럴 것이다. 오늘 구하지 못했다면 포기하지 않고 내일 새롭게 살리기로, 그렇게 다짐한다. 단 한 아이를 살린다 하더라도 진심과 책임을 다하겠다는 나의 방향은 여전하다. 노견, 환견, 장애견을 구조하고 입양하는 것이 당연한 세상이 되길 바란다. 힘들지만 더욱 가치로운 그 길에서 더 많은 이들이 함께하길 바란다.

당신에게 '두푸딩 언니'는 어떤 사람으로 기억되어 있을까. 두푸딩 언니라는 단어에서 이어져 유기 동물, 봉사가 갖고 있는 보편적인 정서와 책임의 무게가 우리 모두에게 주어진다면 얼마나 좋을까. 이 책이 그런 따뜻한 바람을 일으키기를 바란다.

나의 결 고운 천사들과,

결이 고운 이들에게 감사를 보내며.

결 고운 천사들

초판 발행 2024년 8월 15일

글   이현화
펴낸이   박정우
편집   고흥준
디자인   디자인 이상
펴낸곳   출판사 시월
출판등록   2019년 10월 1일 제 2021-000135 호
주소   경기도 고양시 일산동구 문봉길62번길 89-23
전화   070-8628-8765
E-mail   poemoonbook@gmail.com

ⓒ 이현화
ISBN   979-11-91975-23-9(03300)
